SHODENSHA
SHINSHO

なぜ信用金庫は生き残るのか

鳥羽田継之

祥伝社新書

はじめに

インターネットで「AI（人工知能）によってなくなる仕事」を検索すると、銀行員は上位に挙がります。銀行が扱うお金は「数字」ですからデジタルとの親和性が高く、また融資審査などもAI分析により自動化されることが予測されています。もちろん、細《こま》やかな顧客対応などAI化できない業務もありますが、大学生の就職企業人気ランキングにおける急落（第一章）からもわかるように、銀行の未来は厳しく見られているのです。

優秀な人材と高収益で日本経済を牽引《けんいん》してきた銀行は、金利の低下によって収益源が消滅。それを補《おぎな》うために高金利ローンや手数料の高い投資信託などを乱売してきましたが、手数料の値下げ競争も激しく、もはや構造不況業種となっています。また、みずほ銀行の度重《たびかさ》なるシステムトラブルなど、金融テクノロジーも世界の周回遅れであることが露呈しました。政府は銀行の統合や再編を進めており、その数は減ることはあっても増えることはないでしょう。

銀行のプレゼンスが低下するなか、上昇しているのが信用金庫です。地域密着で活動する信用金庫は融資を行なうだけでなく、本業支援にまで踏み込んでいます。詳しくは本文に譲《ゆず》りますが、ＥＣ（電子商取引）によって名産品を中国に売り込んだり、補助金制度を調査して町工場をアシストしたり、大手企業と中小企業をつなぐ受発注商談会から、飲食店支援のお弁当の即売会まで、その活動は多岐にわたります。

また近年、各地に割拠していた信用金庫が、二〇一九年に城南信用金庫（本店・東京都品川区）が始めた「よい仕事おこしネットワーク」を基点に連携を深めています。これは、全国の中小企業とそれを支える信用金庫がつながる広域ビジネスマッチング・プラットフォームです。メガバンクにもできなかったことを、小さな信用金庫が連帯して構築したのです。

これらの活動は企業および地域から高く評価され、企業によってはメインバンクを銀行から信用金庫に切り替えるところも出てきています。その流れはコロナ禍において加速、シェア・売り上げを伸ばす信用金庫、落とす銀行と明暗を分けています。

同じ金融機関でありながら、なぜこのような差が生じたのか。しかも圧倒的優位にあった銀行がなぜ沈んだのか。それを確かめるべく本書の取材・執筆はスタートしました。

全国の信用金庫を訪ねて目にしたのは、地域社会の一員として活動する信用金庫職員の姿でした。雨の日も自転車で飲食店や町工場を訪ねる信金マン。お祭りでハッピを着てトウモロコシを焼く支店長。顧客や地域のために土日を返上して働き、時に自社利益を度外視してでも顧客のために尽くす。そんな彼らの姿は十数年、民間企業を取材してきた私には驚くことばかりでした。

取材を進めるなか、金融機関を取り巻く厳しい環境下で信用金庫が生き残る理由が徐々に判明していきました。そして、信用金庫の取り組みに、生き残る企業のヒントを見つけました。先行き不透明感を増す日本経済、過去の延長ではない明日が待ち受けるわれわれが学ぶべきことは、足元にあったのです。旧《ふる》くて新しい、熱くて深い信用金庫の世界をご紹介します。

なお本書は筆者の個人的見解であり、筆者の所属組織を代表するものではありません。

二〇二二年一月

鳥羽田《とっぱだ》継之《つぎゆき》

はじめに

目次

第二章 なぜ信用金庫は強いのか

第三章 異端の経営・城南信用金庫

第四章 地域を超えた「よい仕事おこし」プロジェクト

第五章 全国の個性的な信用金庫

第六章　金融機関が生き残るには

本文デザイン　盛川和洋
本文ＤＴＰ　キャップス
写真　指定以外著者

第一章

銀行が消える日

ビル・ゲイツの予言

銀行が消える日がそこまで来ている──。

そう言われても、すぐには信じられないかもしれません。駅前には銀行の支店が複数あり、コンビニエンスストアや商業施設にも多数のATMがあります。銀行は身近な存在であり、なくなることなど想像できません。

しかし現在、銀行の「店舗」は急速にその数を減らしています。三菱UFJ銀行は店舗の整理統合を進めており、現在の四二五店（二〇二〇年度末時点）から二〇二三年度には約三二〇店にすることを発表しています。しかも、そのうち約半数は、テレビ電話やインターネット端末で銀行サービスを提供する省人化店舗、もしくは富裕層向けに資産運用コンサルティングを行なう店舗となる予定です。

みずほ銀行は、二〇一六年度末に約五〇〇あった拠点を、二〇二四年度までに三七〇へと減らすことを掲げ、二〇二一年三月末時点ですでに八一拠点を削減しました。

三井住友銀行は店舗数を維持する方針ですが、二〇二三年度までに全国約四〇〇店舗のうち三〇〇ほどを個人向け資産運用に特化した店舗とします。資産運用向け店舗とは、実

メガバンクの苦境

銀行の支店が林立する様は、10年後には見られなくなるかもしれない

質的には金融商品を販売する営業マンの前線基地です。窓口で行員が預金者に対応する現在の銀行店舗は近い将来、レアケースとなるでしょう。

銀行の象徴である「預金通帳」も、姿を消し始めています。みずほ銀行、三井住友銀行は二〇二一年から紙の通帳の新規発行や繰越しに手数料を取り始めました。三菱ＵＦＪ銀行は通帳を有料化していませんが、新規口座の開設にあたって紙の通帳を基本的に発行していません。

いずれの銀行も現段階では、新規開設した口座を対象にしており、実際に手数料がかかる口座は限定的です。しかし、将来的に既存口座を対象に加える可能性は十分にありえます。

銀行の顧客は高齢者が多く、他産業に比べてITの活用が遅れている印象です。生まれた時からインターネットとスマートフォン（スマホ）があたりまえの「Z世代」が社会の中心になれば、インターネットバンキングの利用はさらに拡大し、リアル店舗や紙の預金通帳のニーズはさらに減少していくでしょう。

マイクロソフトの創業者ビル・ゲイツは一九九四年、「Banking is necessary, but banks are not.（銀行機能は必要だが、銀行は必要ない）」と述べました。IT技術の進展による社会のデジタル化とそれに伴《ともな》う銀行の存続不安を見通したこの予言は、四半世紀が過ぎた日本で現実になろうとしています。

PBR〇・〇八倍の衝撃

ビル・ゲイツ以外にも、銀行の先行きに厳しい視線を送り続けている人たちがいます。それは、投資家です。

二〇二一年二月一五日、日経平均株価は三〇年六カ月ぶりに三万円の大台を突破しました。一九八九年末に三万八九一五円を記録して以来、下落し続けていた株価が令和になって三万円台を回復、新型コロナウイルスの感染拡大が続くなか、株式市場はお祭りムードとなりました。

いっぽう、この熱狂が別世界のように、銀行の株価は低迷を続けています。それは、株価指標を見れば明らかです。東京証券取引所市場第一部（東証一部）に上場する企業全体の二〇二一年二月のPBR（株価純資産倍率）は一・四倍でしたが、そのうち銀行業の平均は一倍を割り込み、〇・四倍でした。二〇二一年一月には、地方銀行（地銀）の一つである千葉興業銀行のPBRはなんと〇・〇八倍となりました（19ページの図）。これは東証全体で最下位です。ちなみに、ワースト二〇のうち一九社が地銀で、〇・一倍代が並んでいます。

PBRとは、企業の時価総額（発行済株式の総額）を一株あたり純資産で割ったもので、成長性が高いと期待される企業のPBRは高い傾向にあります。たとえば「ユニクロ」などを傘下に持つファーストリテイリングの二〇二一年二月のPBRは約一〇倍です。時価総額が純資産の一〇倍に膨《ふく》れ上がっていますが、投資家は「ファストリは将来その規模に成長する」と期待しているわけです。逆に言えば、ＰＢＲが著《いちじる》しく低い株式（企業）は、投資家から将来性を期待されていないことになります。

ＰＢＲ一倍以下は、「今すぐ会社を解散したら、出資額以上のお金が株主に返ってくる」状態にあり、本来ありえない話ですが、深刻な赤字企業や成長性が乏《とぼ》しく将来が見込めない企業に見られる現象です。ましてや〇・一倍です。不正会計と巨額損失が発覚して存続が危《あや》ぶまれた時期の東芝でさえ、その水準には至りませんでした。このことからも銀行、特に地銀がきわめて深刻な事態にあることがおわかりいただけるでしょう。

銀行の低い株価にしびれを切らして、機関投資家（大口投資家）も動き始めました。日本経済新聞は二〇二一年六月五日、「大手生保が地銀株売却」との記事を掲載しました。業界首位の日本生命保険が地銀株二〇〇億円以上を売却し、他生保も追随するとの内容です。

生保が地銀をはじめとする銀行の株式を保有してきたのは、純粋な投資対象であると同時に、銀行が窓口で生命保険商品を販売するビジネスパートナーだからです。その株式を手放そうというのですから、地銀の将来に対する見立てがいかに厳しいかわかります。

PBR(株価純資産倍率)ワースト20

		PBR(倍)	株価(円)
1	千葉興業銀行	0.08	245
2	高知銀行	0.10	719
3	筑波銀行	0.11	157
	栃木銀行	0.11	174
	じもとホールディングス	0.11	585
	山梨中央銀行	0.11	788
7	東和銀行	0.13	480
	百十四銀行	0.13	1,350
	東京きらぼしフィナンシャルグループ	0.13	1,393
	大分銀行	0.13	1,680
11	秋田銀行	0.14	1,430
	岩手銀行	0.14	1,610
13	富山第一銀行	0.15	266
	東京電力ホールディングス	0.15	303
	みちのく銀行	0.15	731
	大光銀行	0.15	1,266
	三十三フィナンシャルグループ	0.15	1,355
	名古屋銀行	0.15	2,193
	愛知銀行	0.15	3,505
20	北日本銀行	0.16	1,414

※東証一部上場企業におけるワースト順位。「ヤフーファイナンス」2021年11月30日のデータをもとに筆者作成

就職ランキングの急落

銀行は最近まで、大学生（文系）にとって憧れの企業でした。実際、マイナビが大学生を対象に毎年実施している（二〇一六年度からは日本経済新聞社と共同実施）「就職企業人気ランキング」において、銀行は長らく上位に君臨してきました。たとえば二〇一七年（二〇一八年卒業の文系学生）は、四位に三菱東京UFJ銀行（現三菱UFJ銀行）、六位に三井住友銀行、八位にみずほフィナンシャルグループ（みずほ銀行の持株会社）と、ベスト一〇に三行がランクインしていました。

これが二〇二一年（同二〇二二年）になると、業界トップの三菱UFJ銀行が二五位（21ページの図）、三井住友銀行が三一位、みずほフィナンシャルグループに至ってはなんと五〇位以下になっています。たった四年で大幅に順位を落としているのです。

しかし、金融業界の人気が落ちているわけではありません。損害保険会社は高い人気を集めており、東京海上日動火災保険は二〇一七年の五位から二〇二一年には一位に、損害保険ジャパン（二〇一七年は損害保険ジャパン日本興亜）は九位から八位にランクを上げています。目端《めはし》の利《き》く学生たちは、銀行を見限り始めているのかもしれません。

就職企業人気ランキング（文系学生）

1	東京海上日動火災保険
2	第一生命保険
3	味の素
4	伊藤忠商事
5	ニトリ
6	ソニーミュージックグループ
7	バンダイ
8	損害保険ジャパン（損保ジャパン）
9	サントリーグループ
10	講談社
11	日本生命保険
12	トヨタ自動車
13	ファーストリテイリング（ユニクロ・ジーユー・プラステ・セオリー）
14	ジェーシービー（JCB）
15	東日本旅客鉄道（JR東日本）
16	バンダイナムコエンターテインメント
17	ポニーキャニオン
18	集英社
19	ソニーグループ
20	オリエンタルランド
21	Sky
22	イオングループ
23	資生堂
24	ミリアルリゾートホテルズ
25	三菱UFJ銀行
26	東海旅客鉄道（JR東海）
27	博報堂／博報堂DYメディアパートナーズ
28	凸版印刷
29	一条工務店
30	明治グループ（明治・Meiji Seikaファルマ）

※マイナビ、日本経済新聞社「2022年卒版就職企業人気ランキング」より

マイナビの担当者は「不祥事や業績悪化などネガティブなニュースが流れるとランキングは下がりやすい。ここ数年は銀行についてネガティブな報道が増えているので、それも低下の一因ではないか」と語っています。

銀行の人気は、どうしてここまで落ちてしまったのでしょうか。

ビジネスモデル崩壊

銀行の人気が落ちたのは、銀行の事業基盤が揺らいでいるためです。

銀行の三大業務は預金・融資・為替《かわせ》であり、最大の収益源は融資です。銀行は個人・法人から広く預金を集め、資金を必要としている企業や人に貸し出します。この預金金利と融資金利の差が、「利ざや」と呼ばれる収益の源泉です。

一九九〇年に一年満期の定期預金の平均金利は約六%でしたが（日本銀行統計、以下同じ）、バブル崩壊を経《へ》て日本がデフレ経済に陥《おちい》ると、物価と連動する金利も低下していきます。一九九五年には一%を下回り、二〇〇一年には〇・一%になります。二〇二一年現在、一年満期の定期預金は〇・〇〇二%です。

全国銀行協会（全銀協）の調査によると、全国銀行の利息収入は二〇〇一年には九兆六五一二億円、利ざやは〇・六二％でした。これが二〇二〇年にはそれぞれ六兆一三九一億円、〇・二一％となっています。約二〇年間で利息収入が三兆五〇〇〇億円以上減少したことになります。この利ざやでは、とても銀行の人件費やシステム運用費をまかなえません。

利ざやが薄くなり、利息収入が減り続けるなか、銀行が第二の収益の柱として伸ばしてきたのが、投資信託や生命保険の販売による手数料収入です。全国の銀行の決算のうち、投資信託や生命保険の販売手数料を含む「その他の受入手数料」は、二〇〇一年の一兆一八五七億円から二〇二〇年には二兆五〇八三億円と、約二倍以上に拡大しています。

しかし、この手数料収入も先行きは不透明です。たとえば、代表的な金融商品である投資信託は手数料の引き下げ競争が激しく、大手インターネット専業証券は販売時の手数料を原則無料としています。運用に伴う信託報酬も減少傾向にあり、投資信託からの収入は今後、減少の一途を辿《たど》ることが予想されています。

経営悪化に拍車をかけたマイナス金利

利ざやの縮小に苦しみつつ、金融商品の販売に汗を流していた銀行。その経営を決定的に悪化させたのが、二〇一六年から始まった日本銀行（日銀）の「マイナス金利」です。

銀行は、決済手段や経営破綻の備えとして、顧客から預かった資産のうち一定の金額を日銀に「準備預金」として預けなければなりません。しかし、銀行はその上限を超えて預金していました。わずかでも金利がつくからです。マイナス金利は、この「預けすぎ」部分にマイナス〇・一％の金利を付与するという政策です。

こうなると、銀行は超過分を引き出して企業への貸出や運用に回さなければ、収益が悪化します。日銀の狙いは、銀行の背中を押して経済成長を促《うなが》すことにありましたが、導入当初から、その効果の不確実性と銀行経営への影響が危惧《きぐ》されていました。

現在、マイナス金利の導入から五年以上が経《た》ちますが、日銀が目指す物価上昇率二％は実現していません。いっぽう、銀行への悪影響は即座に表れ、二〇一六年三月期のメガバンクの決算はほとんどが減益に転落しました。メガバンクは翌年、人員削減のリストラ策を発表し、その流れが現在の店舗削減や通帳有料化につながっています。

なかでも、特に業績が悪いのが地銀です。首都圏を中心に全国に店舗網を張り巡らせるメガバンクと異なり、地銀は各県を基盤に狭いエリアで事業展開をしています。

具体的には横浜銀行、千葉銀行、静岡銀行などの規模の大きな「第一地銀」と、もともと相互銀行で一九八九年以降に普通銀行に転換した「第二地銀」に分かれます。第一地銀は、各県の代表的な金融機関として地域の主要企業と取引をするなど、営業基盤が強固です。第二地銀は、一般的に第一地銀に比べ経営基盤が脆弱《ぜいじやく》であり、PBRも第一銀行より低い傾向にあります。

地銀がメガバンクより厳しいのは、少子・高齢化と過疎化により、地方の経済が急速に衰退しているためです。国立社会保障・人口問題研究所がまとめた「日本の地域別将来推計人口（平成三〇［二〇一八］年推計）」によると、全国の人口は二〇四五年には二〇一五年に比べ、七割以上の市区町村で約二割も減少すると予測されています。減少幅が大きいのは北海道、東北、四国などで、四割以上減少とされています。

人口が減れば預金が集まらず、個人のローン貸出は減ります。人がいなくなれば企業もその地域から撤退するので、企業向けの融資も減少します。企業が減れば仕事を求めて人々は他県に移動する――。この負のスパイラルが加速するでしょう。

　メガバンクと違い、「銀行」以外の業務を持たないのも地銀の弱みです。現在のメガバンクは金融コングロマリットとなっており、銀行以外に証券会社などを傘下に抱え、海外事業も展開するなど、多角化・国際化を進めています。もちろん海外事業を行なったり、証券子会社を持ったりする地銀はありますが、一部の大手に限られ、業務内容も多くは、海外事業は国内の顧客が海外進出した際のサポート役、証券会社は大口預金者向けのリテール（個人向け）証券にとどまっています。債券や株式の引き受け、M&A（合併・買収）のアドバイザーも務めるメガバンクグループのレベルには及びません。

　金融庁は二〇一六年に発表した「平成二七事務年度 金融レポート」で、二〇二五年三月期では地銀の六割超が本業赤字になるとの試算を盛り込みました。日銀の分析はさらに厳しく、二〇一九年の「金融システムリポート」で、二〇二八年度に地銀の約六割が最終赤字になると予測しています。

　両者の予測を裏づけるように、地銀の決算は悪化が続いています。二〇二一年三月期決算において、上場地銀・グループ三六社が減益、もしくは赤字となりました。なかでも、東北地銀の雄・東邦銀行の二〇年ぶりの赤字転落は話題となりました。

再編ドミノ

地銀が破綻すると、どのようなことが起こるのでしょうか。

たとえば、ある企業が借りていた借金は、業務を引き継いだ他の銀行に受け継がれます。しかし受け継いだ銀行は、それまでつきあいのなかった企業の事業をすぐには把握できませんから追加の融資に及び腰になり、融資の早期回収に動く可能性があります。他方、銀行への返済を急いだ企業が資金繰りを悪化させると、仕入金が確保できず売り上げが減少、最悪の場合は資金がショートして黒字倒産する場合もあります。戦後初となった一九九六年の阪和銀行破綻でも、地域の中小企業で倒産が相次ぎました。

このように、地銀が破綻すると社会に与える影響が大きいため、金融庁や日銀は地銀に経営統合などの改革を迫っているのです。しかし、地銀にすれば「経営統合などしたくない」のが偽《いつわ》らざる本音です。

地銀の重い腰を上げさせるため、政府・日銀は多くのインセンティブを用意しました。

二〇二〇年一一月、同じ地域の地方銀行同士の合併を独占禁止法の対象外とする特例法を施行します。二〇二一年七月には、合併や経営統合を行なう地銀などに対し、システム統合や店舗統廃合で発生する初期費用の三分の一程度、約三〇億円を交付する改正金融機能強化法も施行しています。

さらに日銀は二〇二一年三月、経費率や経費額を削減して業務を効率化した場合、もしくは経営統合を機関決定した場合、地銀が日銀に預けている当座預金の金利を〇・一%上乗せするという、実質的な補助金制度を用意しました。

このような過去にない手厚い支援により、地銀も動き始めます。二〇二一年一一月には、青森県の青森銀行とみちのく銀行が二〇二二年四月の経営統合で合意。宮城県のフィデアホールディングスと岩手県の東北銀行も統合協議を進めています。これらの動きは、はたして地銀再編ドミノの始まりとなるのか。その推移を慎重に見守る必要があります。

金融庁への取材① 地銀は破綻するか?

地銀の統合・再編が進んだとしても、地銀の経営が改善するかは疑問です。なぜなら、日銀が掲げるインフレ目標、物価成長率二％が達成できていない以上、低金利政策は当面続くと予想されます。そのような状態では、かつてのような利ざやが復活するとは考えられませんし、考えている銀行もないでしょう。

また前述の通り、投資信託や生命保険の販売などの手数料収入も黄信号が灯《とも》っています。政府は、銀行が金融業以外に参入しやすいよう規制緩和を進めていますが、それによって、どこまで収益を伸ばせるかは不透明です。

仮に、地銀の統合・再編が進み、業界としての効率化が図られたとしても、根本のビジネスモデルが崩壊している以上、遅かれ早かれ地銀の破綻は免《まぬか》れないのではないか――。その疑問に対する答えを求めて、筆者は二〇二一年一月に金融庁を訪ねました。

緊急事態宣言下の申し出にもかかわらず、快《こころよ》く対応してくれた金融庁の幹部は、「地銀再編は地銀の生き残りだけではなく、日本経済の成長にも必要です」と話し始めました。

「メガバンクの顧客の中心は売上高七〇億円以上の大企業であり、それ以下の企業は積極的な融資対象ではありません。それ以下の中堅企業のメインバンクを務めるのが地銀の役割ですが、近年の地銀はリスクを恐れ、積極的に売上高五〇億円以上の企業のメインバンクになろうとしていません。そのため五〇億～七〇億円規模の企業は酸欠（資金不十分）状態に陥っており、成長投資が難しくなっています。日本経済が成長しきれない要因の一つがここにあります」

中堅企業に融資が行き届かないのは規模の小さい企業に対応しないメガバンクにも原因があるのでは、と問うと、「金融機関は規模が大きくなるほどシステムやインフラのコストが増えて高コスト体質になります。コストを賄《まかな》うには大企業、大融資案件を目指さざるを得ません。売上高五〇億～七〇億円の企業に融資する合理性があるのは、地銀だけです」との回答を得ました。

メガバンクグループは証券会社や海外事業を持ち、融資だけでなく株や債券の引き受け、M＆Aのアドバイザーなどを行なう体制が整《ととの》っています。いっぽう、地銀は融資以外の機能をほとんど持っていません。やはり、地銀には上場企業をメインバンクとして支える十分な機能がないのではないか。

「地銀は合併で規模を拡大すると同時に、投資銀行の機能を内部に持つフィナンシャルグループになる必要があります。日本には新興・中堅上場企業をメインとする投資銀行が存在しません。地銀を中心に新興・中堅を支える体制を作っていかないと日本は成長しません」

確かに、日本には中堅規模の企業を専門にコンサルする投資銀行がほとんど存在しません。地域に強固なブランドと顧客網を持つ地銀が投資銀行としての機能を強化すれば、新興・中堅上場企業の財務戦略やM＆A戦略が高度化し、停滞する日本経済の再成長につながるかもしれません。

金融庁への取材②　地銀の代わりを務めるのは？

金融庁は現在、地銀に「リレーションシップバンキング」の実践を指導しています。リレーションシップバンキング（リレバン）とは地域に根差し、企業と密接な関係を築くことで、その企業の強みや将来性から経営者の人柄までを知悉《ちしつ》し、決算書や担保《たんぽ》のみに頼らず、事業の内容を把握・評価して融資（事業性評価融資）を行なうことです。

地銀が合併により規模を拡大すると、コストが増大し、合併前より大きな企業を相手にする必要が出てきます。そうなると、中小企業と取引をするモチベーションはまちがいなく下がります。実際、某地銀が合併した際、吸収された側の地銀の取引先への訪問が極端に減ったというケースがあります。営利企業としての規模追求はリレバンと反するのではないのか。率直に聞いてみました。

「そこは過去の金融行政の反省するべき点です。過去の金融庁は、地域のトップ行である第一地銀と二番手行である第二地銀、地銀より規模の小さい信用金庫、信用組合を区別せず、すべてにリレバンを求めてきました。しかし、実際にリレバンを実践するべきなのは、信用金庫、信用組合であり、せいぜい第二地銀です。金融機関のコスト構造を考えても、個人商店から売上高五億円前後の中小企業まで、地域密着で取り組めるのは信用金庫・信用組合だけです。第一地銀が地域の有力な中小企業を巡って信用金庫や信用組合と争っているのは、第一地銀のチャレンジ精神のなさの証明です」

しかし、全国には信用金庫、信用組合がない、あるいは存在感が低い地域もあります。そこで地銀が出て行くと、金融空白地帯になってしまわないだろうか。

「それなら地銀から少額の債権を切り離し、新たに信用金庫を作ればよいのです。地元の有力者などが自分たちで信用組合を作ることもありだと思います」

地銀の業績が悪化し統合・再編が叫ばれているなか、新たに金融機関を作る。それは可能なのか。また、地銀が地域企業のために活動することは本当に不必要なのか。いくつかの疑問を抱えたまま取材を終えました。

他方、取材で印象に残ったのは「信用金庫」の存在です。実は近年、金融庁だけでなく、各方面から信用金庫の取り組みを評価する声が挙がっており、信用金庫をメインバンクとする企業も増えています。地銀の存続が危ぶまれるなか、評価を上げる信用金庫。その強さはどこにあるのでしょうか。次章で探っていきます。

第二章

なぜ信用金庫は強いのか

信用金庫とは

みなさんは、信用金庫についてどのようなイメージをお持ちでしょうか。「小さな銀行」「地域限定の銀行」といったところでしょうか。それは半分正しいですが、半分は正しくありません。

確かに信用金庫は銀行と同様に金融機関であり、本店や支店などの店構《みせがま》えは銀行そっくりです。また、銀行と同じく預金を集め、企業や個人に貸出をしています。投資信託や生命保険、カードローンを扱う信用金庫もあります。広く全国からお金を集めて大企業に貸すのが銀行であり、地域の住民から集めたお金を地域の商店などに貸すのが信用金庫です。

では、銀行と信用金庫は何が違うのか。答えは、組織形態です。信用金庫は銀行とは異なる組織構造を持つ、非営利の団体なのです。

株主の利益を追求する組織が株式会社であり、株式会社である銀行は広く株主から出資を募《つの》り事業を運営、事業で得た利益を配当で株主に還元します。いっぽう、信用金庫は協同組織です。同じ地域の会員や住民から資金を集め、地域の利益のために働きます。「相

銀行と信用金庫の違い

	銀行	信用金庫
組織体制	株式会社	協同組織
最高意思決定機関	株主総会	総会（総代会）
融資対象	制限なし	原則会員（※）のみ
事業目的	株主利益の追求	会員間の相互扶助
変動商品の販売について	積極的	消極的

※法人の場合、従業員300人以下あるいは資本金9億円以下の企業

互扶助」「互恵」が組織理念であり、利益の追求は組織の一番の目的ではありません。同様の組織に、生活協同組合（生協）や農業協同組合（農協）があります。

信用金庫に預金することは誰でもできますが（銀行も同じです）、お金を借りるには会員になる必要があります（銀行は会員になる必要はありません）。会員資格を得るには信用金庫の営業エリアに住んでいるか、働いていることが条件です。

株式取得はどうでしょう。銀行の株主になるには資格はいりません。その銀行の株式を買えば誰でも株主になれます。株式会社の最高意思決定機関である株主総会は、一株につき一個の議決権が付与されます。たとえば、○○○株を持っている大株主一人は、一○○株を持つ九人の株主よりも議決権は強くなります。いっぽう、信用金庫の最高意思決定機関である総会（総代会《そうだいかい》）は、出資額にかかわらず会員一人あたり

一つの議決権を行使します。銀行に比べて民主的な組織運営と言えるかもしれません。

銀行は営利組織ですから、大きな利益が得られる事業を好みます。多額の借入をする大企業や高額の金融商品を買ってくれる富裕層がいれば、どの地域でも出かけていきます。

対して、協同組織である信用金庫は、営業エリアの会員以外に貸出できません。貸出を行なう企業の規模も「従業員三〇〇人以下、あるいは資本金が九億円以下の事業者」と信用金庫法で定められています。貸出先の事業が成長して法律の制限を超えた場合、そのまま取引できる「卒業生金融」という仕組みもありますが、基本的に信用金庫の貸出先は地域の中小企業・個人事業主です。融資先に厳しい制限があるのは同法のもと、地域の小規模事業者を支えることを使命とされているからです。そのかわり、納税面で若干の優遇措置があります。

なお、信用金庫と似た名前の組織に「信用組合」があります。信用組合は組合員からしか預金を集められないため、事業規模が信用金庫よりさらに小さくなる傾向があります。

信用金庫の貸出先である小規模事業者は、銀行（メガバンク・地銀）の主な取引先である大企業に比べ、倒産や廃業のリスクが高くなります。貸出金利は、そのリスクを踏まえて決定されるため、信用金庫の金利はメガバンクや地銀よりも〇・五〜一％高い傾向にあります。

また、現在の超低金利の状況下、銀行の金利は低い水準で据え置かれています。資金調達コストを考えれば、メインバンクを信用金庫から銀行に切り替えたほうがいい。ゆえに、信用金庫から銀行に切り替える企業がどんどん増えている……と思いきや、実態は逆です。信用金庫をメインバンクとする企業が増えているのです。どうしてでしょうか。

伸びている理由

東京商工リサーチが二〇二一年に実施した全国の企業一五三万六四〇二社のメインバンク調査では、メガバンクなど大手行二三・四〇％、地銀四九・九一％、信用金庫二一・九〇％となっています。大手行と地銀を合わせて約七二％と、銀行のシェアの大きさがわかりますが、注目すべきはシェアの推移です。大手行も地銀も前年からシェアを落としていますが、信用金庫は〇・〇七ポイント上昇しています。しかも二〇一五年の調査開始以来、七年連続でシェアを拡大しているのです。

東京商工リサーチ情報本部情報部の後藤賢治《ごとうけんじ》さんは「信用金庫の取引先には小さな飲食店など個人事業主も多い。本調査は登記されている法人が対象なので、データには表れないが、個人事業主の存在を考えれば、信用金庫をメインバンクとする事業主はさらに増えているのではないか」と推測しています。

信用金庫が大手行や地銀から取引先を獲得しているのは、地域密着の営業で培《つちか》われたネットワーク、そして中小企業専門金融機関として支援の手厚さが評価されているためです。

信用金庫はメガバンクに比べて企業規模は小さいものの、営業エリアの店舗数は逆に多い傾向があります。たとえば、東京都足立区を基盤とする足立成和信用金庫は区内に二〇店舗を展開しています。同地区にある銀行の店舗は各行、数店舗ですから（出張所やATMなどを除く）、その差は歴然です。

狭いエリアで継続して営業活動を行なうことで、地域企業、自治体、商工会議所との深い関係が生まれます。また店舗が密集していますから、住人はもちろん事業者にも知名度は自《おの》ずと高くなります。こうした無形のネットワークとブランド力は、全国的に名が知られているメガバンクでも太刀打《たちう》ちできません。

信用金庫のもう一つの特長は、親しみやすさです。メガバンクで支店長ともなれば、社用車と運転手がつき、外回りも車で移動します。彼らは巨大組織のエリートであり、その待遇も破格です。いっぽう信用金庫の場合、支店長でも一般職員と同様、自転車や原動機付自転車で移動しています。信用金庫の職員は預金の集金、高齢者からの相談対応、企業の経営相談など頻繁《ひんぱん》に顧客のもとに足を運びます。晴れの日はもちろん、雨の日も雨具を着て自転車を走らせます。

某信用金庫の営業マンに一日の仕事内容を聞いたところ、「担当先は、企業と個人を合わせて二〇〇社ほどです。一日二〇〜三〇件は訪問、もしくは電話をかけます。やりとりの多いお客様のところには二週間に一度は顔を出しています」と答えてくれました。

地域のお祭りやイベントに積極的に参加・協力するのも、信用金庫ならではです。単に協賛金を払うだけでなく、出店で綿飴《わたあめ》やポップコーンを提供、一緒に御神輿《おみこし》を担《かつ》ぐなど地域の一員として参加しています。「ひがしん」こと東京東信用金庫（本店・東京都墨田区）の中田清史《なかたせいし》理事長は「お祭りのハッピは信用金庫の第二の制服です」と言っています。

地域と顧客に寄り添う信用金庫の姿勢は、人と人のつながりが絶《た》たれたコロナ禍の時代に改めてその価値が見直されています（足立成和信用金庫と東京東信用金庫ついては第五章でも触れます）。

不況時にきわだつ強さ

銀行と信用金庫の違いが鮮明に表れるのは不況の時、そして業績が悪化した時です。昭和製作所（東京都大田区）の舟久保利明《ふなくぼとしあき》会長（兼東京工業団体連合会副会長）は「都市銀行の時代は支店長が月一回くらい来てくれたが、メガバンクになってすっかり来なくなった。銀行は企業の成長期はともかく、業績が悪化すると見向きもしない。それに比べて信用金庫の行動は早い」と述べています。

景気が傾《かたむ》き、貸出先企業の業績が悪化すると、銀行は融資の返済を強く求めるようになります。借り手の意向を無視して回収を迫る様《さま》は「貸し剝《は》がし」「晴れた日に傘を貸し、雨の日に傘を取り上げる」として、しばしば批判の的《まと》となります。

なぜ銀行が回収を急ぐかと言えば、これは過去の金融行政の影響です。一九九〇年代初頭のバブル崩壊後、銀行には回収不能な貸出残高、不良債権が多く発生しました。不良債権問題は銀行経営を蝕《むしば》み、経済を混乱させました。この不良債権問題を再発させないように作られたのが金融庁です。

金融庁は金融検査マニュアルをもとに、銀行の事業運営を厳しく監督してきました。某メガバンクの幹部いわく「箸《はし》の上げ下ろしまで指導する」ことが行なわれるなか、銀行は顧客を向かずに、金融庁を見上げて仕事をするようになりました。それが「貸し剥がし」を生む温床となったのです。

いっぽう、信用金庫は取引先が苦境に陥ってもとことん寄り添い、経営の立て直しに尽力する傾向があります。これは信用金庫が善意・善人ばかりと言っているわけではありません。前述のように、信用金庫は法律により営業エリアが厳しく定められています。狭いエリアで活動している信用金庫が、無茶な債権回収を行なうとどうなるでしょうか。あっというまに悪評が流れ、その信用金庫と取引しようとする企業はなくなるでしょう。つまり、最後まで顧客に寄り添い続けることは、信用金庫に許された唯一の戦略なのです。

金融庁が二〇二〇年にまとめた、企業とメインバンクとの関係についての調査によれば、企業が金融機関に求めるものは「借入金利の低さ」二四％に対し、「継続的な取引・不況時の支援」三四％です。バブル崩壊、ＩＴバブル崩壊、リーマン・ショック、そしてコロナ不況。企業経営者は幾度もの苦境を経て、「多少金利が低くても、雨の日に傘を取り上げる金融機関はいらない」と考えるようになったのです。

ルーツは一九世紀のイギリス

このような信用金庫はいかにして誕生したのでしょうか。そのルーツは一八四四年、イギリスにあります。

イギリスは当時、産業革命による経済発展が最盛期に達し、産業・文化共に黄金期を迎えていました。なかでもマンチェスターは綿工業により大いに栄えましたが、その果実を味わったのは資本家のみでした。マンチェスター近郊ロッチデールの労働者は低賃金で長時間労働を強《し》いられ、粗悪品のパンやミルクを売りつけられる、理不尽な待遇にありました。

自分たちの暮らしは自分たちで守らねばならないと考えたロッチデールの織物工二八人

は、自分たちで資金を出し合い、良質な商品を仕入れて安く販売する組織「ロッチデール公正先駆者組合」を立ち上げます。同組合は運営原則として剰余金の分配、市価での取引、組合員の平等、政治・宗教的な中立などを制定しました。これは「ロッチデール原則」と呼ばれ、その精神は現在でも世界の協同組合に受け継がれています。

ロッチデールで誕生した協同組合運動はイギリス全土に広がり、海を越えてドイツに渡ります。ドイツで普及した信用組合を日本に導入したのが、明治初期から中期の官僚・政治家である品川弥二郎《しながわやじろう》（内務大臣、枢密顧問官などを歴任。子爵）と平田東助《ひらたとうすけ》（農商務大臣、内務大臣、内大臣などを歴任。伯爵）です。

日本は当時、明治維新後の経済発展期にあり、財閥が巨額の利益を得るいっぽう、中小企業は圧迫され、労働者は貧困にあえいでいました。「自由競争が行き過ぎることで貧富の差が拡大し、地域社会が疲弊するのは国の損失だ。日本にも協同組合が必要になる」と考えた二人は、帰国すると協同組合の仕組みを日本に紹介し、産業組合の法制化に奔走しました。

明治三三（一九〇〇）年、アジアではじめて協同組合を規定した産業組合法が制定されます。そして、中小企業救済のため加入脱退の自由、議決権平等といった協同組合の精神を持つ組織として産業組合が誕生しました。現在の農協、生協、信用金庫、信用組合はいずれも、この時の産業組合にルーツを持ちます。

実は一九〇〇年時点で、日本には一四七の組合が存在していました。協同組合的な運動は江戸時代からあり、よく知られているのが二宮尊徳《にのみやそんとく》（金次郎《きんじろう》）による農村再生活動です。二宮尊徳は相模《さがみ》国足柄上《あしがらかみ》郡（現神奈川県小田原《おだわら》市）の農家に生まれ、極貧の環境のなか勉学に励《はげ》み、最先端の技術や学問を身につけました。

「報徳仕法《ほうとくしほう》」と呼ばれる彼の財政再建策は、個人の収入に上限を設けて余剰金を共有財産として貯蓄し、事業が成功した際には出資者に配当を払うもので、コミュニティ全体で経済成長を目指す仕組みです。これはロッチデール原則と似ています。世界的にはロッチデール公正先駆者組合が協同組合の祖として知られていますが、われわれ日本人は二宮尊徳を日本の協同組合の父と考えてもよいのではないでしょうか。

二宮尊徳の死後、報徳仕法は弟子たちの手により全国に広がっていきました。弟子の一人である岡田《おかだ》良一郎《りょういちろう》は一八七九年、勧業資金積立組合を創立します。これは静岡県掛川《かけがわ》市に本店を置く、国内最古の信用金庫・島田掛川信用金庫の起源です。同庫は二宮尊徳の教え「積小為大《せきしょういだい》（小さいことを積み上げて大きなことを達成する）」を冠した積立定期預金を提供しています。

信用金庫の誕生

産業組合法の制定をきっかけに協同組織の金融機関が誕生しましたが、新たな問題が発生します。日本の経済成長と共に、資金需要の旺盛な都市部の商工業者に十分な資金を供給できなくなったのです。そして太平洋戦争中の昭和一八（一九四三）年、市街地信用組合法が制定されます。新たに誕生した信用組合は会員以外からも預金を集められるようになり、問題は解決しました。

終戦後、状況は一変します。一九四九年にＧＨＱ（連合国軍最高司令官総司令部）の占領下で制定された中小企業等協同組合法は、戦前に逆戻りするような制約の多いものでした。しかし戦後復興が進むなか、中小企業や労働者のための金融機関の設立を望む声は日増しに強くなり、一九五一年に信用金庫法が制定されます。これにより、会員以外からも預金を集め、信用組合よりも多くの資金を会員に融資できる、現在の「信用金庫」が誕生したのです。

信用金庫という名称の由来について、全国信用金庫協会（全信協）会長を一九六六年から一九八七年まで務めた小原鐵五郎《おばらてつごろう》は、次のように述べています（ふりがなは筆者、〔　〕は筆者注。以下同じ）。

最初は、「信用銀行」がいいとか「協同銀行」「庶民銀行」がいいとか、いろんな意見が出ました。だけど「いや、銀行はいけない」ということになって、結局、決まらない。そこで、最後に舟山《ふなやま》〔正吉《しょうきち》大蔵省銀行局長、のち大蔵次官〕さんの話を聞くことになった。舟山さんはこう言ってくれたんです。「オリンピックの金、銀、銅メダルじゃないが、〝銀〟はすでに銀行が使っている。〝銅庫〟というのもおかしい。〝金〟というと〝銀〟より一つ上なんだけど、この際、政府機関しか使っていない〝金庫〟を新しい門出を祝って、特別に使ってもいいことにしましょう。〝信用金庫〟ってのはどうですか」そうしたら、みんな「ああ、そりゃ、いい名前だ」と、一斉に拍手が起

小原鐵五郎

信用金庫の発展に尽くした小原鐵五郎(1899〜1989年)。城南信用金庫理事長・会長、全国信用金庫協会会長などを歴任し、勲一等瑞宝章等を受章した（城南信用金庫提供）

こってパッと決まっちゃった。

（小原鐵五郎『この道わが道』）

金は銀より上。これは令和になった今も、信用金庫関係者が好んで使うフレーズです。信用金庫という名前には、信用金庫は銀行とは違い公益目的の金融機関であるという先人の意地が込められているのです。

信用金庫の神様・小原鐵五郎

小原鐵五郎は全信協会長を長期にわたり務めた、業界の象徴的存在です。頭の回転が速く能弁、政治家や官僚の前でも一歩も引かずに信用金庫全体の立場を主張・活動したことから、「信用金庫の神様」と呼ばれました。自動車業界の本田宗一郎《ほんだそういちろう》、家電業界の松下幸之助《まつしたこうのすけ》に比肩《ひけん》する存在です。

小原が信用金庫にかかわるきっかけとなったのは、大正七（一九一八）年に富山県で発生した「米騒動」でした。米価の上昇に耐えかねた地域の主婦が暴徒化し、米問屋を襲った事件です。これを新聞で知った小原は、「このままでは、日本は国民同士が争う国になってしまう」と強い危機感を覚えたと言います。では、米騒動の要因である国民の経済格差をなくすにはどうすればよいのか。

小原は、当時の商売人が「掛《か》け」という代金後払い方式で商品を仕入れていることに着目します。商売人の仕入れ価格が下がれば、最終的な商品価格も下がる。商売人に低利で融資をして「掛け」をやめさせれば庶民の生活の安定につながるだろうと考えたのです。そして商売人への低利融資を実現するため、立石知満《たていしともみつ》（のち東京府会議員）らと大崎信用組合（現東京都品川区）を設立します。

当初は信用組合の存在自体が理解されず、必要な資金も集まりませんでした。しかし小原が地域の家々を訪ねて信用組合の必要性を説いて回ると、その情熱も相俟《あいま》って理解されるようになり、徐々に会員が増えていきました。

その後、小原は大崎信用組合の専務理事になり、信用金庫法施行後は城南信用金庫の理事長、さらには業界団体のトップである全信協会長を務めるに至ります。

資本主義への警鐘

一九六六年に全信協の会長になった小原は席の暖《あたた》まる暇《いとま》もなく全国を回り、信金マンとしての理念、日本の金融のあるべき姿を訴《うった》えます。単純な利益追求を良しとせず、資本主義の危険性に警鐘を鳴らした小原の思想は、「小原鐵学（哲学）」と呼ばれています。小原鐵学が生まれるに至った経緯を見てみましょう。

一九六六年当時の日本は高度経済成長期で、企業規模の拡大とそれに伴う資金供給の増加が社会的な課題となっていました。政府は、協同組織である信用金庫を株式会社に改変して銀行との合併・統合を推し進め、資金供給力を増強させようとします。

しかし、すべての金融機関が規模の拡大と利益追求に走れば、資金需要の小さい中小企業や経営基盤の脆弱な個人事業者を相手とする金融機関はなくなってしまいます。これは信用金庫業界の懸念《けねん》のみならず、日本経済の将来を左右する問題です。

政府の諮問会議は「信用金庫の株式会社化ありき」の流れで進んでいました。会議に参加していた小原会長は意見を求められ、大蔵省（現財務省）の首脳を前に語り出します（以下、小原『この道わが道』より）。

「八百屋さんにしろ、魚屋さんにしろ、およそ、その仕事に対する一つのビジョンというものを持っているように、金融機関にもビジョンがある。この案の一体どこに、信用金庫のビジョンがあるか、伺《うかが》いたい」

思いがけない問いに対し、大蔵省の首脳部は顔を見合わせました。小原会長は返答がないことを確認すると、次のように続けます。

「このような超資本主義で事《こと》を進めるなら、いつか再び貧富の差は激しくなり、階級闘争が火を噴《ふ》くかもしれない。そうなった時、あなた方が大事にしようとする大企業はどうなる。平和な世の中をつくるには、われわれ信用金庫の存在こそ必要ではないのか」

そして最後に、「あの美しい富士山は広大な裾野《すその》があってこそ、そびえ立つ。日本経済も大企業を支える中小企業があればこそ。その中小企業のための金融機関が信用金庫だ」と結びました。いわゆる「裾野金融論」です。

日本の産業界、とりわけ製造業は、大企業から中小企業までを含めた裾野の広さが競争力の源泉です。今でこそサプライチェーンの重要性は常識ですが、「大きいことは良いことだ」とされた高度経済成長期には、小原会長の発言は異端であり、時代の先を読んだ慧《けい》眼《がん》でした。

諮問会議で話を聞いていた大蔵省の澄田《すみた》智《さとし》銀行局長（のち日銀総裁）は、「小原さんの信用金庫に対するビジョンは『小原哲学』と呼ぶべきものだ」と高く評価しました。そして信用金庫の株式会社化の案を取り下げると、小原会長の意見通り、信用金庫の制度をそのまま存続することを決定したのです。

いっぽう小原会長は、「哲学」とは恐れ多いと考え、のちにその言葉を使う時は、自身の名前を捩《もじ》って「小原鐵学」と称しました。

その後、日本経済は高度経済成長を経てバブル経済に突入します。まるで生物数が急増したカンブリア紀のように中小企業が増え、マイホームブームにより住宅ローン貸出が増加しました。信用金庫の活動も活発化し、一九九〇年代には全国に約四五〇の信用金庫が存在しました。しかし、バブルが崩壊すると、金融危機や地方経済の衰退により減少。現在では二五四にまで減っています（二〇二一年一一月時点）。

次章では、小原鐵五郎が理事長を務め、全国の信用金庫のなかでもっとも色濃く小原鐵学を受け継ぐ城南信用金庫を通して、信用金庫の実際の活動を紹介します。

第二章

異端の経営・城南信用金庫

王道かつ異端

信用金庫の数がもっとも多い地域は東京都で、二三の信用金庫が本店を置いています。そのなかで、城南信用金庫は江戸城（皇居）の南側、南東京地域を主な営業エリアとしており、インターネット支店を含め八六店舗があります（二〇二一年三月末時点）。具体的には、本店のある東京都品川区、大田区、目黒区、世田谷区に多くの店舗を配置し、銀座《ぎんざ》、神田《かんだ》、九段《くだん》、青山《あおやま》、新橋《しんばし》、渋谷《しぶや》などにも店舗を設置しています。神奈川県も営業エリアであり、横浜《よこはま》市、川崎《かわさき》市、相模原《さがみはら》市、厚木《あつぎ》市、大和《やまと》市などに店舗があります。

総資産は四兆四八五二億円で、信用金庫として国内二位。預金量は三兆九三〇九億円と、鹿児島銀行や近畿大阪銀行など地銀の中堅レベルに匹敵します。信用金庫としては大きすぎることから「メガ信金」「兆円信金」と呼ばれることもあります。

城南信用金庫が支店を多く構える大田区は、二〇〇〇社以上の中小製造業が軒《のき》を並べる都内随一の企業集積地です。また品川区も企業数が多く、近年はＩＴ企業の集積が進んでいます。両区とも飲食店街も多く、この強固な地盤が同庫の強みの一つになっています。

とはいえ、都内には他にも企業集積地はありますし、飲食街が栄えているエリアはさらに多いでしょう。都内の信用金庫のなかで城南信用金庫が頭一つ抜けた成長を続けてきたのは、他に理由があります。

　それは、城南信用金庫が協同組織金融機関としての「王道」を目指しつつ、時に「異端」と映《うつ》るほど独自の取り組みを行なうことです。同庫は目指す姿、ありたい姿を「お客様応援企業・社会貢献企業」という言葉で表現します。顧客第一主義を表明する金融機関は多いですが、それらと異なるのは「本気度」です。

　城南信用金庫の顧客を大事にする姿勢がよく表れているのが、日本経済新聞社による「金融機関ランキング」です（59ページの図）。これはメガバンクなど大手銀行、

城南信用金庫

1945年8月創立。総資産4兆4852億円（全国2位）、従業員2117人（いずれも2021年3月末時点）。写真は本店（東京都品川区西五反田）　（城南信用金庫提供）

信託銀行、地銀、信用金庫、インターネット専業銀行、スマホ決済会社などを対象に、預金金利、セキュリティ（ネットバンキングの安全対策）など顧客満足度をランクづけするもので、金融専門紙「日経ヴェリタス」で毎年春に発表されます。

金融機関関係者がその評価に泣き笑う、業界の春の風物詩です。このなかで、城南信用金庫は二〇二一年の接客・対応部門で前年に続き一位を獲得しました。総合ランキングでも一八位と、信用金庫として唯一ベスト三〇にランクインしています。

城南信用金庫では、店頭で伝票記入やＡＴＭ操作に困っている人がいないか、職員が常に気を配っています。コロナ禍前には、ロビーで順番を待つお客様にお茶と飴を手渡していました。もちろん、顧客を大事にしているのは店頭だけではありません。融資や経営相談など他の業務でも同様です。

「城南さんのおかげで……」

二〇二一年一月、コロナ禍のなか、生き残りをかけて経営に取り組む中小企業の声を聞くため、澄川《すみかわ》勉《つとむ》社長が経営する金属加工会社・澄川精密（東京都大田区）を取材しまし

金融機関ランキング

顧客満足度総合

1	みずほ信託銀行
2	住信SBIネット銀行
3	ソニー銀行
4	イオン銀行
5	あおぞら銀行
6	SMBC信託銀行
7	GMOあおぞらネット銀行
8	ジャパンネット銀行
8	オリックス銀行
10	三菱UFJ信託銀行
11	楽天銀行
12	労働金庫
13	東京スター銀行
14	大垣共立銀行
15	セブン銀行
16	新生銀行
17	auじぶん銀行
18	城南信用金庫
19	三菱UFJ銀行
20	大和ネクスト銀行
20	三井住友銀行
20	名古屋銀行

接客・対応が丁寧

1	城南信用金庫
2	名古屋銀行
3	みずほ信託銀行
4	労働金庫
5	あおぞら銀行
6	八十二銀行
7	西日本シティ銀行
8	三菱UFJ信託銀行
8	SMBC信託銀行
10	七十七銀行

預金金利が高い

1	あおぞら銀行
2	オリックス銀行
3	GMOあおぞらネット銀行
4	みずほ信託銀行
5	イオン銀行
6	楽天銀行
7	ソニー銀行
8	東京スター銀行
8	住信SBIネット銀行
10	auじぶん銀行

外貨預金が充実

1	SMBC信託銀行
2	ソニー銀行
3	みずほ信託銀行
4	東京スター銀行
5	住信SBIネット銀行
6	新生銀行
7	三菱UFJ信託銀行
8	京葉銀行
9	ジャパンネット銀行
10	三井住友信託銀行

ネットバンキングの安全対策

1	ソニー銀行
2	SMBC信託銀行
3	住信SBIネット銀行
4	みずほ信託銀行
5	ジャパンネット銀行
6	三井住友銀行
7	あおぞら銀行
8	三菱UFJ銀行
9	新生銀行
10	auじぶん銀行

※日本経済新聞社「第17回金融機関ランキング」(「日経ヴェリタス」2021年3月7日)より

た。同社は、京浜急行線雑色《ぞうしき》駅から徒歩一〇分の住工混在地域にある典型的な町工場です。通常は道すがら、多くの工場から機械音が漏《も》れ聞こえるのですが、この日はコロナ禍で仕事が減っているのか、静かでした。

工場のドアを叩くと、「いらっしゃい」と明るい声が出迎えてくれました。人なつっこい笑顔の澄川社長です。工場は、外観からは予想できないくらい広々としていました。巨大な工作機械がいくつも置かれ、壁も床も清潔。奥にあるツールラックには、ピカピカに光る工具が収められていました。

澄川社長は「多くの工具を常備していれば、特殊な加工の見積もり依頼が来ても、通常通りの料金を提示できます。逆に工具がなければ、その工具を買うお金も含めて料金提示しなくてはならず、競争で不利に働きます」と言います。

とはいえ、工具は一本数十万円します。筆者が「設備投資に積極的なのですね。これだけの機械・工具を揃えるのは大変だったのではないですか」と聞くと、「城南さんのおかげです。資金も融資してもらったし、補助金の申請方法も教えてもらいました」とにこやかに答えます。

町工場への支援

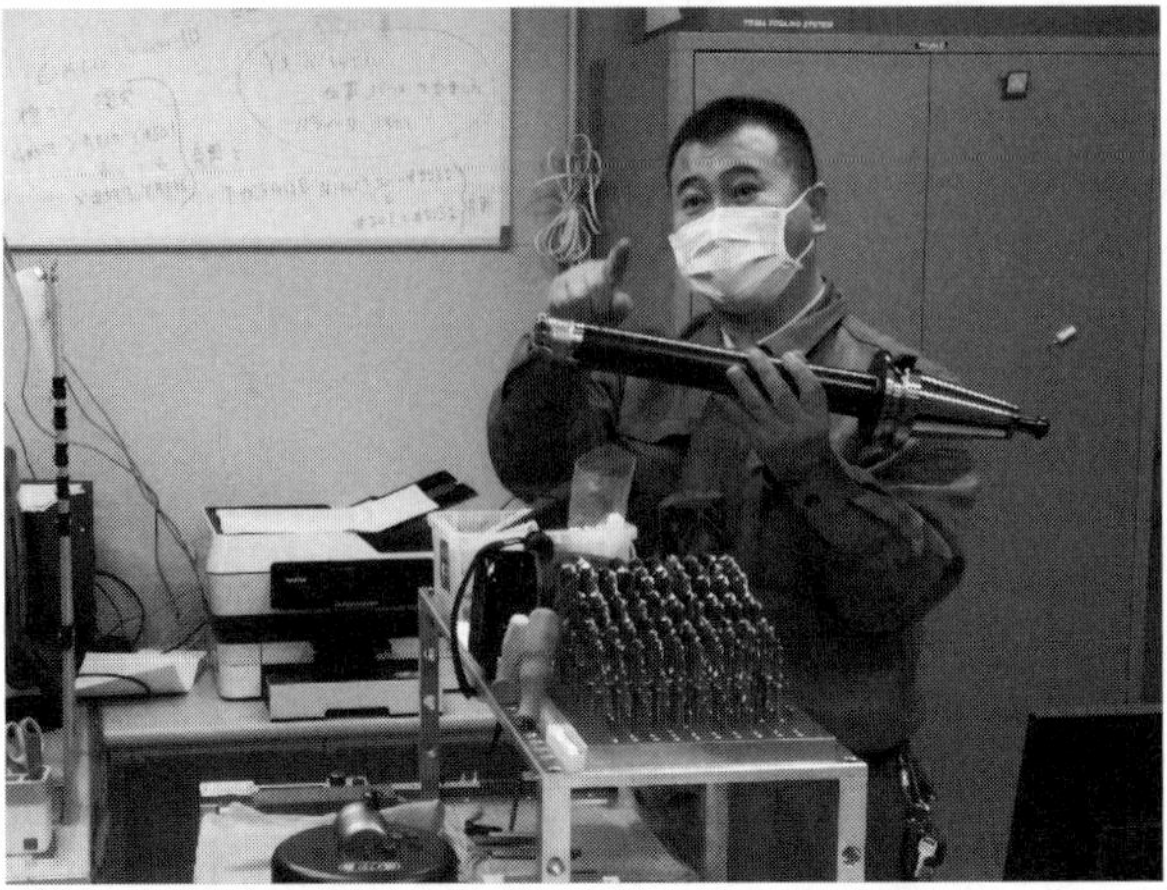

高額な工具を備えた澄川精密の澄川勉社長。信用金庫は融資だけでなく、補助金の取得など、コンサルティング業務も行なう

興味を覚えたのは、社長が「城南さん」を語る雰囲気です。金融機関は企業の成長を支え、時には命運も左右する重要なパートナーですが、企業との関係は必ずしも対等ではありません。記者として「無理矢理に融資をお願いされ、正直辟易《へきえき》している」「リーマン・ショックで一時的に業績が悪化したが、銀行に追加融資を断《ことわ》られた」などを聞いてきました。しかし澄川社長は、まるで親しい友人のように「城南さん」の話をするのです。

城南信用金庫をメインバンクとした理由を聞いてみました。

「城南さんはわれわれの仕事に興味を持ってくれるし、しょっちゅう電話や訪問してくれる。他の金融機関が工場に来るのは、お金を貸してくれる時だけ。借入額が上限になったら顔なんて出さない。それに、城南さんは補助金制度などについてもマメに情報をくれるので助かっている。本当はわれわれが調べなければいけないのだろうが、経営しつつ時に現場仕事をしていると、そこまで手が回らない。城南さんのおかげで安心して仕事ができる」

後日、澄川精密を担当する城南信用金庫六郷《ろくごう》支店（東京都大田区）を訪ね、取材内容を宝達聡《ほうたつさとし》支店長（当時）に伝えたところ、「信用金庫は融資をするだけでなく、いかにお客様にとって必要な情報を提供できるか、いわゆる本業支援が大事な仕事です、澄川社長から融資以上にわれわれの情報に感謝いただけるのは、担当者にとって、ものすごいモチベーションアップになります」と話してくれました。

取引先からの感謝を励みに情報収集・提供をさらに強化すれば、取引先の成長につながると共に信頼も勝ち取ることができます。それは信用金庫自身の成長にもなります。機械音の聞こえない町工場訪問でしたが、企業と金融機関の信頼の歯車が嚙《か》み合う音は、確かに聞こえました。

目標ではなく、目的を見よ

続いて訪ねたのが、京浜急行線梅屋敷《うめやしき》駅の近隣三カ所で居酒屋・梅林《ばいりん》（東京都大田区）を経営する小林寛正《こばやしひろまさ》社長です。小林社長は取材時三四歳と若いですが、考え方がしっかりしていて、年齢より落ち着いた印象を受けました。

不動産業を営む家に生まれた小林社長は一人っ子だったので、学生時代から家業を継ぐことを意識していました。いっぽう、自分自身の経営力を養《やしな》いたいと考え、大学を卒業後に梅林を開店します。築地《つきじ》で仕入れた新鮮な素材をリーズナブルな価格で提供するというコンセプトと、真心《まごころ》を尽くした接客が評価され、お店のファンはどんどん増えていきました。

小林社長と城南信用金庫の取引は二〇一六年、一人の営業マンが飛び込み営業をしてきたことから始まります。当時、蒲田《かまた》支店（東京都大田区）にいた島田義孝《しまだよしたか》さんです。小林社長との出会いについて島田さんは次のように語ります。

「はじめてお会いした時、アルバイトの人かと思いました。あまりにも若かったですから」

二人は同い年だったこともあり、何度か会ううちに意気投合。仕事だけでなく、恋人や家族などプライベートについても話す仲になりました。

それまで、梅林のメインバンクは地銀で、信用金庫とは取引がまったくありませんでした。そして城南信用金庫と取引を始めてしばらく経った頃、小林社長は事業拡大のため飲食ビルを建てようと、メインバンクの地銀に相談しました。

最初は融資を快諾した地銀でしたが、土地を購入してビルを建てる段階になると、飲食ビルではなくマンションにするよう迫ってきました。「飲食ビルなら追加融資はできない」と言うのです。小林社長は、「自分の考えが甘かったのか」とショックを受けます。そこで駄目《だめ》で元々《もともと》と城南信用金庫の島田さんに相談したところ、「支店長に相談してみます」との返事がありました。島田さんは、次のように振り返ります。

「数億円単位の話だったので、とても自分だけではお返事できない案件でした。支店長に相談したところ、本部での審査を経て融資が決定しました。小林社長は若いですが、地域の商店街の中心人物として活動しています。当金庫は経営内容や担保だけでなく、経営者の人格や人物像も評価し融資を判断するのです」

結局、飲食ビルは城南信用金庫の融資を受けて無事に完成。梅林は新店舗をオープンすることができました。

小林社長は、城南信用金庫を「数字に表れない事業の重要な要素もきちんと把握してくれる金融機関だと思います。たとえば、うちは人を大切にする企業でありたいと思い、八年以上離職ゼロでやってきています。そういった企業のポリシー、決算書に出ない努力を評価してくれるのは城南さんだけです」と語っています。そして地銀と信用金庫の違いについては次のように述べています。

「地銀は『目標』のために仕事をしていると感じます。担保を重視した融資も、投資信託やラップ口座（投資一任契約商品）の販売も、自分たちの目標達成のためですよね。城南さんも当然ノルマはあ

信ちゃん

信用金庫のマスコットを使用したノベルティ「信ちゃん貯金箱」。胸には、顧客が書いた「島田」の文字が見える

ると思うのですけど、その達成のためではなく、人を大切にするとか、会社がその地域で根差していくなど、われわれの事業の『目的』を理解し、そのために仕事をしてくれていると感じます」

取引先との確かな信頼関係を築いた島田さんですが、金融機関に人事異動はつきもの。島田さんは現在、神田支店（東京都千代田区）で勤務しています。小林社長は島田さんの異動後も気にかけており、「取引先と金融機関というだけでなく、同い年としておたがいに高め合っていくような存在でありたいです」と語りました。

取材を終えて立ち去ろうとした時、応接テーブルの上にある人形に目が留《と》まりました。信用金庫業界のマスコットであり、城南信用金庫もマスコットとして使っている「信ちゃん」を象《かたど》った貯金箱です（65ページの写真）。手に取ると、胸の部分に「島田」と書き込んであります。「母が書いたのです。『島田さんに似ている』と言って」と小林社長。

信用金庫では、若年時に勤務した支店に管理職として戻ることがよくあります。いつの日か島田さんが蒲田支店に戻ることがあるかもしれません。その時、この貯金箱はどうなっているかを考えるのも楽しみです。

最後の藩主、金融機関を作る

顧客第一主義を掲げる城南信用金庫といえども、収益拡大は重要な経営テーマの一つのはず。協同組織とはいえ、一定の収益を上げなければ組織を維持していけませんから。しかし同庫は現在、他の金融機関が収益源としている高金利ローンや手数料を稼げる投資信託、ラップ口座など「儲かる商品」をいっさい販売していません。

また預金の運用先も、株式、外債、外貨などのリスク資産への投資をほとんどしていません。その大半が信金中央金庫（全国の信用金庫を会員とする共同組織であり、信用金庫の中央金融機関）の預け金、社債、地方債、国債などです。しかし日銀の量的緩和により低金利化が進んだことで、金融機関は運用の多角化を促され、資産運用ポートフォリオにおける株式や外国為替などリスク資産の割合を増やしています。城南信用金庫のように、リスク資産の割合が低い運用をしている金融機関はきわめて稀《まれ》です。

本章の冒頭で城南信用金庫は協同組織金融機関としての「王道」を目指していると述べました。しかし、現在の金融業界を見渡すと、それはむしろ「異端」です。異端な経営を支えているのは、同庫の歴史に対する「誇り」です。

城南信用金庫が標榜する「お客様応援企業・社会貢献企業」のルーツを辿ると、加納久宜《かのうひさよし》に行き着きます。久宜は慶応三（一八六七）年、一九歳で一宮《いちのみや》藩（現千葉県長生《ちようせい》郡一宮町周辺）の最後の藩主に就任します（のち子爵）。明治の廃藩置県後は岩手師範学校長、貴族院議員、鹿児島県知事などを歴任しました。

鹿児島県知事時代には教育改革の他、私財を投じてミカンの栽培や養蚕業《ようさんぎよう》、お茶の生産に取り組み、のちに「日本農政の父」と呼ばれるほどの成果を上げています。ただ私財を投じすぎた結果、加納家の借金は二万円（現在の金額で約四〇〇〇万円）に膨張してしまいました。困った親族は「『知事道楽』はやめてもらいたい」と久宜を説得。久宜は任期満了を前に、自宅のある東京府入新井村《いりあらいむら》（現JR大森《おおもり》駅周辺）に戻りました。

当時の入新井村は国内最初の鉄道（新橋・横浜間）の大森停車場が開設されたことで、目覚ましい発展を遂げていましたが、古くからの住民には貧しさゆえに子供たちに教育を受けさせられない家庭も多くありました。教育事務の仕事に就《つ》いた久宜はその現状を知ると、またもや公益事業への関心が高まります。

貧しい境遇の子供たちに教育を受けさせるには親の収入を増やすしかない。そう考えた久宜は農業、漁業、商工業者の新たな販路拡大を目的とした品評会を開催、盛況のうちに閉幕します。しかし「品評会で集まったお金を分配してしまうと、あとには何も残らない。このお金を地域のために大切に蓄《たくわ》え、有効に使おう」と考えた久宜は、自宅を店舗として協同組織の金融機関を設立するのです。これが入新井信用組合です。ちなみに経理において、当時としては珍しい世界標準である複式簿記を採用しています。

加納久宜

産業組合の育ての親・加納久宜(1848～1919年)。一宮藩主、子爵を経て、都内最古の入新井信用組合(現城南信用金庫入新井支店)を設立した

(城南信用金庫提供)

久宜は、入新井信用組合の活動を通じて「銀行は家や土地を担保にしなければお金を貸さないが、信用組合は人の可能性と信用をもとにお金を貸す、社会に必要な存在である」と考えるように

なりました。「物より信用のほうが重要である」として、無担保融資の金利を担保付融資より低くしていたようです。

明治三八（一九〇五）年、久宜は幹事長を務めていた全国農事会と入新井信用組合の連名で、第一回全国産業組合大会を開催します。これに触発され、産業組合はそれまでの一六七一組合から八六六三組合に急増しました。

公益事業に生涯を捧げ「産業組合の育ての親」と呼ばれた久宜は大正八（一九一九）年、七〇歳で逝去。その遺言は「一にも公益事業、二にも公益事業、ただ公益事業に尽くせ」でした。久宜の自宅から始まった入新井信用組合は現在、城南信用金庫入新井支店（東京都大田区）となっており、今も地域のための活動を続けています。

終戦直前の合併

昭和二〇（一九四五）年、入新井信用組合を含め一五の信用組合が合併して城南信用組合が誕生します。当時は太平洋戦争の終末期であり、東京も空襲が相次いでいました。規模の小さな信用組合が空襲の被害に遭《あ》えば、倒産に至りかねず、預金者や地域の企業に大きな迷惑をかけてしまいます。話し合いの結果、終戦五日前である八月一〇日、城南地域の信用組合が合併したのです。

その後、城南信用組合は一九五一年の信用金庫法成立と同時に城南信用金庫に改組します。それから現在まで七〇年あまりが経過しましたが、歴代理事長でもっとも存在感を発揮したのが、三代目理事長を務めた「信用金庫の神様」小原鐵五郎です。

小原は合併前、大崎信用組合の創業メンバーでした。若手とはいえ、その能力と人物は一五の信用組合の幹部陣から高く評価され、合併の実質的な旗振り役を務めました。金融機関の統合には苦労がつきものです。戦中とはいえ、一五の信用組合をまとめ上げた小原の手腕は相当なものだったと言えるでしょう。小原も「十五日が終戦でしょう。もし、後《あと》五日調印が遅れ、逆だったら……。『おれはもう合併なんか嫌だ』ってとこが出て来たかもしれない」と述べています（小原『この道わが道』）。

小原を城南信用組合の初代理事長に推薦する声もありましたが、小原は「若輩者だから」と固辞しました。第三代理事長に就任したのは一九五六年のことです。理事長に就任した小原は加納久宜と同様、地域のため公益のために働く金融機関として城南信用金庫を成長させていきます。近視眼的な利益追求、規模拡大は目指しませんでしたが、高度経済成長期における首都・東京の成長もあり、全国一位の信用金庫となります。

小原は城南信用金庫の経営だけでなく、全国信用協同組合連合会（現信金中央金庫）や、信用金庫の業界団体である全信協の立ち上げにも尽力しました。のちに全信協の会長となると、全国の信用金庫に足を運び、前述の「小原鐵学」を伝授していきます。一九八七年には長年、金融と産業の発展に貢献した功績が評価され、従三位勲一等瑞宝章を昭和天皇から授与されました。

一九八九年に没すると、生前の遺言に従い、小原の遺産はすべて、城南信用金庫の関係団体である小原白梅育英基金に寄付されました。同基金は、家庭の経済的な状態により進学が困難な奨学生を支援しています。小原の位牌は城南信用金庫の内部に置かれ、現在でも城南信用金庫の活動を見守っています。

貸すも親切、貸さぬも親切

小原鐵学でもっとも知られているのが、「貸すも親切、貸さぬも親切」です。テレビドラマ「半沢直樹」のなかでも、主人公が金融マンの心得としてこの言葉を語っています。その意味は「顧客の事業・生活に本当に必要な資金は進んで貸し、投機的な行為など不健全な用途の資金はけっして貸さない」です。小原は次のように述べています。

銀行あるいは個人の金貸し業者は、なるべく割のよい利息と手数料を取って、己《おのれ》の利益のことばかりを考えて金を貸す。それに引き換え、信用組合〔現在の信用金庫〕は組合員の家へその金が行って、その組合員のために働いてくるように、と言って金を貸す（後略）。

（小原『この道わが道』）

つまり、自分たちが利益を得るために金を貸すのではなく、その人の事業を成功させるために貸すというわけです。逆に、融資先の事業の成功が難しそうと判断したならば、真心を持って融資をお断りすることが必要と戒《いまし》めていました。利己の経営ではなく、利他の経営を至上としたのです。

「貸すも親切、貸さぬも親切」は、城南信用金庫の経営も助けました。土地と株の急騰が国民を狂わせたバブル経済時代、個人も企業も財テク（財務テクノロジー）に走り、銀行は株式投資や不動産購入に対して積極的に融資しました。しかし、バブルが弾《はじ》けると状況は一変。金融機関は不良債権の山を抱え、北海道拓殖銀行、山一證券などが経営破綻しました。しかし小原鐵学を頑《かたく》なに守った城南信用金庫は、投機的な融資は実行しませんでした。そのためバブルが弾けても被害は少なく、財務内容は健全なまま保たれたのです。

第二章でも述べましたが、バブル崩壊を教訓として誕生した金融庁は、銀行の経営を徹底して監視します。銀行は不良債権になりそうな危険度の高い融資先を避け、担保ありきの融資姿勢となります。

もちろん、銀行が決算書や担保をもとに融資を判断することは、銀行のリスクテイクという観点では否定されることではありません。しかし創業したばかりのベンチャーや新たな製品・サービス開発に取り組む企業は担保がなく赤字決算になることも多く、銀行の基準では融資不適格となります。これでは新たな産業は興《おこ》らず、日本経済は成長しません。

金融庁は銀行の担保主義を是正するため、二〇一四年から事業性評価融資を監督方針に盛り込んでいます。金融機関として融資先の事業をきちんと評価し、その事業が成長しそうであれば、担保などにこだわらず融資を実行せよというものです。これは「貸すも親切、貸さぬも親切」と同じ志向・意図を持っているると言えるのではないでしょうか。

カードローンも投資信託も扱わない

城南信用金庫は、カードローンを取り扱っていません。これは、金融機関としてはきわめて珍しいケースです。

カードローンは借りる側にすれば、通常の融資に比べて審査が通りやすく、ATMで手軽に借りられます。いっぽう貸す側にすれば、普通のローンよりも金利が高く、大きな収益源となります。全銀協の調査によると、銀行のカードローン貸付残高は三・六兆円に上っています（二〇二一年九月末時点）。一時期は派手な広告を打って顧客を集め、年収の何倍もの金額を貸し出すケースもあり、社会問題となりました。

城南信用金庫がカードローンを取り扱わないのは、金融リテラシーが低い人が無闇《むやみ》に借金を重ねる可能性があることを危惧するからです。一九八〇年代に小原は、この危険性を「カードは麻薬」と表現し、次のように述べました。

金融機関は何のために金を借りに来たのか、何に使うのかということをちゃんと聞いて、金を貸さなきゃいかんですよ。ところが、カードってやつは、キャッシングなんてものは、そんなことはおかまいなく、機械でもってどんどん貸しちゃう。そうするとどうなりますか。キャッシングといったってあれねえ、方々で借りちゃうんですよ。一軒で借りて済《す》ますんじゃないんですよ。だから借金だらけになってしまう。それでみんな首が回らなくなってね、サラリーマンが悪いことしちゃうんだ。

(小原『この道わが道』)

狂乱のバブル経済期に、現在のカード社会やカードローンの問題点を予見していたのです。城南信用金庫の某支店長は「『カードは麻薬』という言葉は城南のＤＮＡです。お客様に損をさせる可能性がある商品を売りたいと思う職員は、当金庫にはいません」と断言します。「利己」ではなく「利他」の経営を貫《つらぬ》いた小原の精神は、没後三〇年以上を経ても同庫の隅々《すみずみ》まで行き渡っているのです。

城南信用金庫は、投資信託も販売していません。投資信託とは株式、債券、デリバティブ（金融派生商品）などを組み合わせて投資する金融商品です。「投資」の内容を、金融機関を「信じて託す」わけです。投資信託には、「5G」「自動運転」などテーマに合わせて投資先を選定する「テーマ型投信」、日経平均株価など株式指数に連動して運用する「インデックス投信」などがあります。販売時に入る手数料や残高に応じて入る信託報酬は、金融機関にとって大きな収益源となっています。

城南信用金庫が投資信託を扱わないのは、投資信託が元本《がんぽん》保証の商品ではなく、売買タイミングによっては顧客に損害を与えてしまう可能性があるからです。

もちろん、カードローンには他のローンにはない利便性があり、それを求める消費者もいます。投資信託も、基本的には分散投資によって長期的な資産の成長を目指す商品であり、資産形成の重要な商品です。ですから、カードローンや投資信託を取り扱う銀行や信用金庫が悪い金融機関というわけではありません。

ただ、現在の銀行や証券会社では、顧客の資産運用に資する商品を提案するというよりも、系列会社であるアセットマネジメント会社（投資信託を開発する会社）が開発した商品を、中身もわからず販売しているケースがあることも事実です。

城南信用金庫はそれらを承知したうえで、あえて距離を置いているのです。

人柄に貸せ

小原鐵五郎が残した言葉に「人柄に貸せ」があります。これは、いたずらに担保主義に陥ることなく、借り手が誠実な性格で将来事業が成功すると思うなら、担保がなくても融資せよ、ということです。この「鐵学」もまた、現在の城南信用金庫に生きています。

城南信用金庫の取引先に、バル（洋風居酒屋）を経営する大鵬（東京都大田区）がありま す。同社の大屋《おおや》幸子《さちこ》社長は元主婦、元保険外交員、元ビールの売り子という異色の経歴です。嫁《とつ》ぎ先が飲食店を経営していたことやビールの売り子で得た経験を活《い》かし、バルの経営に乗り出したのです。

同庫との取引は、お店に城南信用金庫の職員が訪れたことがきっかけでした。そして事業拡大について相談するなか、クラフトビールの醸造プラントと飲食店が一体となった新店舗の開店を計画します。しかし、大鵬は城南信用金庫との取引前、他の信用金庫をメインバンクとしており、そちらに債務が残っていました。しかも前述のように、社長は経営歴の浅い元主婦であり、大きな担保もありません。金融機関の〝常識〟なら、融資に慎重にならざるを得ません。

しかし、城南信用金庫は融資を決定しました。その理由について、当時蓮沼《はすぬま》支店（東京都大田区）の支店長だった長野賢史《ながのさとし》本店長に尋ねると、ただ一言。「大鵬さんへの融資を決定した理由は、大屋社長の人柄です」と答えました。「穏《おだ》やかで人に好かれる性格であり、知恵と工夫で目的を達成する経営者としての素質もきちんとお持ちであると考えました」

大屋社長の人柄を伝える、若き日のエピソードがあります。母子家庭に生まれた大屋社長は祖父母に育てられ、苦労の多い子供時代を過ごしました。思春期になり、母親と同居する生活が始まったものの、母親は直後に起きたバブル崩壊で失業。そのままパチンコにのめり込み、働かなくなってしまいました。大屋社長は高校生ながら、生活費と学費を稼ぐため、野球場でビールの売り子を始めます。

ビールの売り子のなかには、タレントの卵のような美人がいます。美人はテレビ中継に映りやすいバックネット裏に配置されます。バックネット裏は企業が接待用に使う席ですから、ビールの売り上げも高い傾向にあります。しかし、大屋社長が配置されたのは二階席でした。「自分は美人ではない」と残酷な現実を突きつけられた大屋社長は、「この状況で美人をいかに上回るか」に情熱を燃やします。

大屋社長が考えたのは、声をかけられるのを待つのではなく、自《みずか》ら売り込んでいくことでした。観客席を見渡し、残りが少ないコップの持ち主を見つけては、ビールを勧《すす》めて回ります。「数人で来ているビジネスパーソンなら、そのなかに一人、舵取《かじと》り役がいます。その人をうまく見つけて売り込む」ことで売り上げは急拡大。大屋社長のファンも増え、毎日二〇〇杯を売り上げるまでになりました。

自分が置かれた状況を把握し、戦略を立てて取り組み、周囲を圧倒する成果を手に入れる。まさに経営者に必要な資質です。城南信用金庫は、この資質を重視して融資をしたのです。

資金を得た大屋社長は二号店を完成させると、クラフトビールの開発に乗り出します。

城南信用金庫は融資だけでなく、ビールの原料となるホップを蓮沼支店の駐車場で栽培し、事業を支援しました。二〇二一年二月、ついに完成。羽田《はねだ》空港にもっとも近い醸造プラントで製造していることから「天空《てんくう》」と名づけました。新型コロナウイルスの感染拡大に配慮し、完成披露会は行ないませんでしたが、マスコミの報道もあり、好調な売れ行きとなりました。

大屋社長は「城南さんは、お金を貸すだけでなく、本当に親身になって協力してくれる。城南さんがいなければ天空はできなかった」と謝意を表しています。大屋社長はすでに次の目標に向かって動き出しています。

「現在のビール醸造装置は海外から輸入したものですが、次は大田区の町工場と協力し、ビールの醸造装置も大田区で作ります。今後はクラフトビールの製造機と製造ノウハウを外販し、クラフトビール文化を全国に広めていきたい」

その力強い眼差《まなざ》しと言葉は、城南信用金庫にとってどんな不動産よりも確実な担保なのです。

組織の変調

「小原鐵学」を遵守し、間接金融専門の金融機関として保守本流の経営を貫いてきた城南信用金庫ですが、一九八九年に小原が逝去すると、体制に変化が表れ始めます。同年、六代目理事長に就任した真壁実《まかべみのる》理事長は金融自由化の流れを受け、挑戦的な取り組みを開始。バブル崩壊後は、公表をためらう銀行を尻目に不良債権額をいち早く公表するなど、独自の経営で世間を驚かせました。

しかし、業界の慣例を打ち破るような挑戦を続けるいっぽう、自主独立の姿勢も強まり、業界に背を向けた行動が目立ち始めます。当時の城南信用金庫は信金中央金庫や業界団体と距離を置き、職員には他の信用金庫との交流を厳しく禁じました。

信用金庫は営業エリアが法律で厳しく定められているため、他のエリアの信用金庫同士は競合にならず、良好な関係を築く傾向があります。それが急に「他の信用金庫と交流するな、喋《しゃべ》るな」との方針が下されたのです。これには、城南信用金庫の職員はもちろん、他金庫も当惑しました。神奈川県川崎市に本店を置く川崎信用金庫の職員は、「あの頃の城南さんは何を考えているかわからなかった」と振り返ります。

当時、バブル経済がピークを迎えており、すべての金融機関が預金量や貸出量を競っていました。そんな時代の流れを受け、城南信用金庫も規模や利益を追いかける活動が奨励されるようになっていきます。

真壁理事長は一九九六年に理事長を退いたものの、会長、名誉会長、常任相談役と役職名を変えて権力を維持し続けます。流れない水が腐《くさ》るように、長期化する権力は腐臭を放ちます。真壁常任相談役が娘婿を理事長に据え、孫が入庫するようになると、職員たちの我慢は限界に達しました。当時の吉原毅《よしわらつよし》副理事長が先頭に立ち、二〇一〇年一一月の理事会で、常任相談役と理事長の解任動議が提出されたのです。動議は賛成多数で承認、真壁体制は崩壊しました。一連の動きは「城南信用金庫のクーデター」として、業界内外に知られています。

新たにトップとなった吉原理事長は取引先や地域の会合に出向き、城南信用金庫がこれまでの体制を改めたこと、協同組織の原点に立ち返り再生を果たすことを誓《ちか》いました。当時、吉原理事長の話を聞いた東京工業団体連合会の舟久保利明副会長は、次のように述べています。

「『われわれは自分を見失っていました。これからは心を入れ替え皆様のために働かせていただきます』ということを率直に語っていた。自分たちの誤りを認めて、体制を変えるなんて、なかなかできることじゃない」

トップの年収は支店長以下

吉原理事長は、協同組織としての原点に戻るため、組織体制の変更に乗り出します。

まず、小原会長の時代まで存在していた「委員会制」の復活です。融資や商品開発、人事制度など重要事項を合議で決定する委員会制は、真壁理事長に権力が集中する過程で廃止されていましたが、吉原理事長はこれを復活させたのです。各委員会では合議と決議ですべてが決められ、「理事長が提出した案件でも却下されることがある」（城南信用金庫職員談）分権型の意思決定体制ができあがりました。

続いて、理事長の年収を支店長以下の一二〇〇万円に変更しました。これは信用金庫の命は各支店であり、現場第一主義を貫くという考えにもとづくものです。また、権力集中を再発させないとの狙いから、理事長・会長の定年を六〇歳、任期を最長四年間としました（現在は同六二歳、六年間）。

さらには顔が見えるトップの象徴として、理事長は扉や壁のない部屋で執務を行なうようになりました。かつて田中康夫《たなかやすお》元長野県知事は知事室をガラス張りにし、外部から見えるようにしたことで話題になりましたが、城南信用金庫の理事長室はガラスもありません。廊下から丸見えです。

一連の改革で、もっとも画期的なのが「部長会」です。これは本部の部長級以上の職員が参加する会議で、「イベントをしたい」「新商品を開発したい」など職員が新たに取り組みたいことが協議されます。その特徴は、全部長で合議して可決か否決かをその場で決定すること、毎週開催されていることです。つまり集団で合議しつつ、即断即決ができる点です。

日本企業の陋習《ろうしゅう》に「何も決定しない会議」があります。幹部が集まって話し合うものの結局、何も決まらない。逆に、根回しで決まってしまう。しかし城南信用金庫の部長会はイエスかノーか、必ず結論を出します。

金融機関は組織体制が強固な反面、階層ごとのチェックが厳重で、意思決定が遅くなる傾向にあります。新規事業の着手、新企業との取引開始などの判断に数カ月かかることも珍しくありません。しかし城南信用金庫の場合、部長会は毎週開催されているため、どんなに時間がかかっても一週間以内には方針が完了します。

このスピード感はコロナ禍でも発揮されています。二〇二〇年四月に最初の緊急事態宣言が発出された際、南東京の自治体は利子補給による資金繰り支援を発表したものの、職員の感染リスクを考慮し、その他の企業支援はストップしてしまいました。しかし城南信用金庫は、融資だけでなく取引先の受注減を補うビジネスマッチングまで実現しました。これも、部長会での決定がもとになっています。

懸賞金付き定期預金

真壁理事長時代は負《ふ》の遺産ばかりではなく、先進的な取り組みも多く生まれました。その代表が、懸賞金付き定期預金「スーパードリーム」です。

これは定期預金一〇万円を一口として半年に一回、抽選を実施するものです。最高一〇〇万円の懸賞金からお米などが当たります。過去の賞品には、旅行券や東京宝塚劇場ペアチケットなどもありました。

　今では同様の商品は珍しくありませんが、国内ではじめて開発・提供したのが、城南信用金庫です。一九九四年のことです。当時、金融自由化によって金融機関が定期預金の金利を自由に設定できるようになり、同庫は「お客様に夢を与える商品」の開発を始めます。

　当初の構想では一口一〇万円で金利一万%、一〇〇〇万円が当たる定期預金でした。しかし社内向け説明ビデオを作る段階で、公正取引委員会から「待った」がかかります。一〇〇〇万円という賞金が、富《とみ》くじ罪（正式名称・賭博及び富くじに関する罪）に抵触する可能性があるとの指摘でした。結局、当時の景品表示法の賞金上限である五万円を一等にして、その代わりに当選本数を大幅に増やしました。

　このスーパードリームは、異例の大ヒット商品となりました。取り扱い初日には申し込みが殺到し、城南信用金庫の本支店すべての窓口に顧客が列を作ったのです。窓口を閉める午後三時になっても受付が終わらず、事務作業は夕方までかかりました。初日の預金額はなんと七〇億円。同庫史上、最高の数字でした。

　しかし、翌日には大蔵省から「懸賞金付き定期預金には問題がある」と物言いがつきます。「もしかしたら一日限りの商品で終わるのか」。城南信用金庫に動揺が走りましたが、防波堤となったのはマスコミです。各社は社説や記事で、同庫のアイデアと工夫を称賛。大蔵省が民間金融機関の創意工夫を妨害しようとしているとの世論が高まり、大蔵省も持論を撤回するに至ります。

同年、スーパードリームは日本経済新聞社が選定する「日経優秀製品・サービス賞」の最優秀賞など数々の賞に選ばれました。

小原鐵学に「貯蓄興国、借金亡国」があります。個人や組織がきちんと貯金をしていれば、病気や事故などに遭っても、破産や倒産することはない。逆に借金を重ねていると不慮の事態が起きた時に一気に転落する。国民の貯蓄は国を繁栄させ、借金は国の滅亡につながるとの意です。スーパードリームはまさに「貯蓄興国」に資する商品なのです。

東日本大震災が発生した二〇一一年以降、賞品に「被災地復興応援グルメ賞」を設け、被災地の名産品も追加しました。城南信用金庫の創意工夫は、被災地支援にも役立っています。

大口顧客でも優遇しない

スーパードリームはその後も高い人気を誇り、二〇〇三年には民間金融機関の預金単品商品として残高がはじめて一兆円を突破しました。ピーク時の二〇一六年には預金量が二兆円を超え、現在（二〇二一年三月末時点）でも約一兆九五〇〇億円を維持しています。城南信用金庫の全預金量約三兆九〇〇〇億円のうち約半分を占めている計算です。

しかし、発売当初とは異なり、現在の低金利の時代に、懸賞コストを維持するのは大変ではないか。スーパードリームの開発に携《たずさ》わった安井《やすい》稔《みのる》常務に聞いてみました。

「当金庫は預金者の金利に差をつけませんから。その差額のコストを考えればたいしたことないです」

安井常務はにこやかにさらっと答えてくれましたが、この回答は衝撃です。

実は、金融機関は顧客に対して平等ではありません。たとえばメガバンクでは、融資条件が企業によって異なるのはもちろん、預金においても大口預金者には通常の金利に上乗せしています。金融機関にとって、顧客によってサービスに差をつけるのは常識なのです。ところが、城南信用金庫はすべての預金者の金利が平等だと言います。協同組織として公平な経営を実践しているからとはいえ、業界では異端です。

金融機関が大口顧客から預金を獲得するには職員が日参したり、条件を変更したりするなど、有形無形のコストがかかります。城南信用金庫はこのコストを使わないからこそ、大口以外の顧客へのサービスを厚くできるのです。

ものづくりコンシェルジュ

城南信用金庫は、本店内に「城南なんでも相談プラザ」という相談拠点を設けています。融資、販路開拓、事業承継から犬の引き取り先探しまで、文字通りどんな相談でも受けつけています。中小企業が多い土地柄か、町工場からの相談が多く寄せられます。

金融機関が町工場を支援する時の課題が、工業技術についてです。信用金庫の職員は財務や補助制度に関する知見はあっても、技術的な専門知識はほとんど持っていません。これは工場が多い地域の金融機関に共通の悩みです。

城南信用金庫が出した答えは「専門家を雇《やと》う」ことでした。具体的には、大手メーカーでモノづくりに従事した元社員などを集めて、専門家集団「ものづくりコンシェルジュ

（通称ものコン）」を発足させます。

　メンバーは大手建機メーカーで生産技術を担当した佐藤寛一《さとうかんいち》さん、電子回路製造会社で三〇年以上開発に携わった小林健一《こばやしけんいち》さん、溶接・化学メーカーなどでメカトロニクスや研究開発を手がけた木村茂雄《きむらしげお》さん、大手食品メーカー出身で弁理士の資格も持つ中村康治《なかむらやすはる》さん、車載機器製造会社で部品開発を担当した内田悦嗣《うちだよしつぐ》さん、元芝浦工業大学デザイン工学部教授の戸澤幸一《とざわこういち》さんです。平均年齢七〇歳ですが、やる気に満ちて溌剌《はつらつ》としており、年齢を感じさせません。

　経歴も専門も違う六人ですが、「経験を活かして中小企業の役に立ちたい」思いは強く、地域の中小企業を足繁《あししげ》く訪問しています。「ものコンとして活動し始めた時は、『いったい何者か』と訝《いぶか》しがる社長もいましたが、技術屋と理解されたことで受け入れてくれる会社が増えました。性格がシャイであまり喋らない社長でも技術屋だと受け入れてくれるケースがあり、支店から助っ人《すけっと》として呼ばれることもあります」と佐藤さんは語ります。

　二〇二一年新春、緊急事態宣言の再発出で往来が制限されるなか、佐藤さんと木村さんはトク・テック（東京都大田区）を訪ねました。同社は押喜徳《おさえきとく》社長と息子たちが二〇〇六年に立ち上げた町工場です。長男の康一《こういち》専務は取材時に三二歳、がっしりとした体格で強面《こわもて》の印象がありましたが、語り口は明快であり、頼もしさを感じさせます。高校在学時から創業に興味があり、当時、町工場に勤めていた父親を説得して起業したそうです。

工場を見学したあとに、応接室に案内されました。応接室の壁際には加工した部品のサンプルが並べてあります。そのうちの一つ、複雑な形状の部品が組み合わさった金属部品を手に取った佐藤さんと木村さんは「これはすごい技術力だ。（技術をアピールできる）サンプルをもっと作るべきだ」とアドバイスしました。

康一専務が「工場の生産ラインを管理するシステムを入れたいが、お金がない」と悩みを打ち明けると、木村さんは「最初はホワイトボードでいいです。とりあえずホワイトボードに機械の番号と日付を入れ、稼働状況をすぐに把握できるようにすれば、自然に効率が上がっていきます」と、お金のかからない解決策を提示します。

城南信用金庫の支援について康一専務に聞いたところ、「同業種交流会に参加させてもらったことが、大田区内の企業の情報を手に入れるうえで非常に役立ちました」とのこと。同業種交流会とは、城南信用金庫が主催している地域企業によるビジネスマッチングイベントです。金属加工業以外にも樹脂加工業などの交流会も開催し、毎回盛況です。

大田区の町工場には、近くの工場で分業してハイスピードで製品を仕上げる「仲間まわし」、自転車で部品を運ぶ「ちゃりんこネットワーク」などの言葉があるほど、地域の緊密な連携が自慢です。ですから、区内の情報なら自然と入ってくるように思います。しかし、康一専務は残念そうに首を振ります。

「昔の大田区は、『空から図面を落としたら完成形になって出てくる』と言われるほど、さまざまな分野に高い技術があり、仕事も早かったです。でも残念ながら、今は違います。町工場はリーマン・

技術者集団

文系社員ばかりの信用金庫が作った専門家集団「ものづくりコンシェルジュ」。トク・テックを訪ねたメンバー2人（写真左）

ショックの時に採用を減らしたため、ベテランの職人が退職して技術力が低下してしまいました。昔のようなスムーズな連携は難しくなっており、城南さんとおつきあいすることで情報が得られることは、かなりありがたいです」

弱体化する地域企業ネットワークの強化に、城南信用金庫とものづくりコンシェルジュが一役買っているのです。

支店にシェアオフィス、保育園……

厳しい経営環境下にある金融機関にとって、支店の活用は重要課題です。銀行の支店は各地の主要駅近くにあり、その多くが道路に面した一階、いわゆる路面店です。しかしインターネットバンキングの普及により来店客数が減少傾向にあり、「プロフィットセンター（収益部門）」から「コストセンター（非収益部門）」と見なされるようになっています。

各銀行はコスト削減のため、支店の統廃合を進めており、他の事業施設と合体させた複合施設化も目立ちます。二〇二一年には、京都銀行がホテルと一体化した支店ビルを建設し、話題となりました。同様の動きは今後、他の金融機関でも続々と起こるでしょう。

対して城南信用金庫は、顧客との接点である支店は一店舗も減らさない方針です。ただ、事務作業の効率化などにより空《あ》きスペースが生まれる支店も出ており、その活用を進めています。活用方法は同庫らしく、地域貢献に資するかどうかです。その代表とも言えるのが二〇一八年四月、蓮沼支店三階に開設された創業支援施設「J-Create+（ジェイクリエイトプラス）」です。もとは書類倉庫でしたが、事務のペーパーレス化の結果、空きスペースになったところを活用しました。

蓮沼支店が立地する大田区は中小企業の集積地ですが、近年は廃業が相次ぎ、事業所数は全盛期の三分の一にまで落ち込んでいます。起業を増やすことは地域経済の活性化に重要です。しかし信用金庫が企業と接点を持つのは融資時がほとんどで、創業初期や創業前から支援することは多くありません。

入居対象者は創業五年以内の事業者か、入居後六カ月以内に創業予定の個人。入居者は、中小企業診断士による経営診断が受けられるだけでなく、城南信用金庫のセミナーにも参加できます。入居企業からは「城南信用金庫の創業支援施設に入っていることで顧客の信頼を得られ、商談がスムーズに進む」との声も出ています。

気になる家賃は、共益費込みで月二万二〇〇〇円から。その価格のためか、開設後にすぐ満室になり、現在でも月に二、三回は入居の問い合わせがあるそうです。二〇二〇年五月には、初の卒業生として、オゾン水生成装置や除菌装置などの販売を手がけるトステック（東京都品川区）が巣立ちました。

創業支援施設は大都市を中心に自治体にもありますが、多くは自治体が建物を造り、委託を受けた指定管理者が管理・運営しています。いっぽう、城南信用金庫のように金融機関が運営すると、事業者の成功が金融機関の利益となるため、創業支援にも自然と熱が入ります。現在では、同様の創業支援施設を持つ金融機関も増えています。

また、大井《おおい》支店（東京都品川区）の二階にはシェアオフィスがあります。パソコン、机、椅子がセットになった個室を時間貸しするシステムです。開設前は、セキュリティなどを懸念する声もありましたが、職場とシェアオフィスの動線を完全に分けることで、安全性や顧客の利便性を維持しました。二〇一九年一一月に稼働を開始しましたが、二〇二〇年にはコロナ禍でシェアオフィスの需要が急増。現在も稼働率七五％という活況が続いています。

高円寺《こうえんじ》支店（東京都杉並区）は一階に認可保育園が入居しています。定員は五〇人で、一～二歳児を一五人預かっています（二〇二二年一月時点）。高円寺支店のリニューアル式典に参加した田中良《たなかりょう》杉並区長は「当区も待機児童問題は深刻だが、用地問題もあり簡単に保育園は増やせない。非常にありがたい取り組み」と謝意を表しました。保育園の家賃は地域相場の半分程度となっており、これも地域貢献の一環です。

他にも、ドトールコーヒーを併設して地域のコミュニティスペースとしている瀬谷《せや》支店（神奈川県横浜市）などもあります。城南信用金庫は歴史も古く、今後も定期的な建て替えが発生します。同庫のアイデアに期待したいところです。

全国の信用金庫が連携を始めた！

首都圏など大都市圏に住んでいると、メガバンクは全国隅々に拠点を持っているように感じますが、それは錯覚です。

たとえば北海道の有人拠点数を例に取ると、三菱ＵＦＪ銀行と三井住友銀行は二拠点、みずほ銀行はやや多いですが、それでも五拠点です。いっぽうで道内シェア一位の北洋銀行は一三九拠点、北海道銀行は二六拠点を展開しています。まさに桁違《けたちが》いです。

このように、地方では地銀や信用金庫が高い存在感を誇っていますが、信用金庫の場合、地域から出られないことを定めた信用金庫法がネックになります。北海道の信用金庫が、取引先が作った食品を首都圏で売りたいと考えても、ルートもノウハウも持っていないのです。

この状況を打開するアイデアとして城南信用金庫が提案・実行しているのが、全国の信用金庫による連携事業「よい仕事おこし」です。そこから派生した事業は今や、信用金庫や取引先にとどまらず、全国の自治体、教育機関、マスコミなどもメンバーに名を連《つら》ねる地方協働ネットワークとなっています。

メガバンクでも地銀にもなしえなかった強大なネットワークを、城南信用金庫はいかにして作り上げたのでしょうか。そのきっかけは、二〇一一年三月一一日の東日本大震災でした。

第四章

地域を超えた「よい仕事おこし」プロジェクト

トップ自ら動く

全国の大半の信用金庫が参加する「よい仕事おこし」事業。これを開始した二〇一二年から牽引し続けているのが、城南信用金庫の川本恭治《かわもときょうじ》理事長です。川本理事長は信用金庫の連携に心血を注ぎ、土日を問わず全国を走り回っています。川本理事長なくして、「よい仕事おこし」はここまで広がらなかったでしょう。類《たぐ》い稀《まれ》なる経営者、川本理事長とはどのような人物なのでしょうか。

川本理事長は一九六二年、和歌山県和歌山市に生まれますが、商工組合中央金庫（商工中金）に勤めていた父親の転勤により東京都練馬区で育ちました。当時の練馬区は田園と住宅地が混在する、牧歌的な風景が広がっていました。少年時代について、川本理事長いわく「つまらない子供。特に趣味もなかったし、人見知りで冒険もしない性格でした」。

明治大学法学部に学んでいた川本理事長は四年生になり、就職活動を開始します。金融関係に絞《しぼ》り、業界研究をするなかで、信用金庫という存在を知ります。それまで信用金庫についてはまったく知らなかったものの、地域密着の金融機関という点に強く惹《ひ》かれました。そして一九八五年、当時全国トップだった城南信用金庫に入庫するのです。

最初に配属されたのは、銀座支店（東京都中央区）でした。同支店は、都営浅草線の宝《たから》町《ちょう》駅と東京メトロの銀座一丁目駅の間にあります。〝花の銀座〟での仕事に心を躍らせますが、待っていたのは大きな箱のついた自転車に乗り、汗だくで走る日々でした。川本理事長は当時を振り返り、「こんなところを知り合いに見られたら嫌だなと考えていましたね」と苦笑します。

そんなある日、支店長から顧客である「もとじ織物（現銀座もとじ）」に行くように命じられます。向かった先は小さなビルの一室でした。電話と机しかない小さなオフィスに座っていたのが、もとじ織物の泉二《もとじ》弘明《こうめい》社

川本恭治

城南信用金庫第13代理事長・川本恭治。経堂支店長、地域発展支援部長、副理事長等を経て、現職　（城南信用金庫提供）

長です。この出会いは、川本理事長の人生を大きく変えることになります。

人生の師

もとじ織物の泉二弘明社長は、鹿児島県の奄美大島《あまみおおしま》出身です。高校時代は陸上競技の選手として活躍、東京の大学に特待生として入学します。目標は箱根《はこね》駅伝で走ることです。しかし練習で体を壊し、大学にいづらくなりました。自暴自棄になりかけた時、亡き父親の形見である大島紬《おおしまつむぎ》に袖《そで》を通すと、その着心地の良さに驚きます。

「スポーツで日本一になる夢は途絶《とだ》えてしまったが、その夢を商売で果たしてやろう。どうせなら日本一の銀座で一国一城の主《あるじ》になろうじゃないか」

そう考えた泉二社長は、着物店の見習い、ちり紙交換など精力的に働き、三〇歳でもとじ織物を創業しました。

川本理事長は泉二社長を「人生の師」と仰《あお》ぎ、「二四時間三六五日、まったく休まずに働き続ける。エネルギーの塊《かたまり》でした」と語ります。いっぽう泉二社長は、当時の川本理事長を「若いが、未熟だったり抜けていたりすることはなく、お客様に尽くそうと一生懸命な気持ちが伝わる人だった。当時は金融機関も成長志向が強い時代で『借りてくれ、貯金してくれ』と言う営業マンが多かったけれど、川本さんはそういうことはいっさいなかった」と評しています。

川本理事長が泉二社長から学んだこと、それは人と人との絆《きずな》を大切にする姿勢です。泉二社長は創業前に医師会で働いたことがあり、その時に知り合った医師や医療関係者が、もとじ織物を立ち上げたあと、最初の顧客になったそうです。もちろん顧客になってもらうため、貰ってもらうために親しくしたわけではありませんが、信頼関係を築いていたことがビジネスに役立った。それを見ていた川本理事長は、自分の顧客を泉二社長に紹介するなど「お金を借りてもらうこと、預けてもらうことだけではなく、人と人とをつ

顧客との絆

銀座もとじの泉二弘明社長(写真)とは川本理事長が新入社員の頃からのつきあい

なげること」に力を入れるようになったそうです。

泉二社長はその後、顧客ごとにサイズや家族構成、ペットの名前まで記した独自の顧客管理システム「着物カルテ」を作ります。さらに仕立代も含めた着物の総額表示をしたり、男性向け着物の専門店を開店したりするなど、いくつもの「業界初」を成し遂げ、ビジネスを成功させていきます。自らの才覚で人生を広げていく泉二社長の生き方に感銘を受けた川本理事長は、それまで以上の集中力と努力で仕事に取り組むようになりました。

ちなみに、川本理事長が銀座支店にいた頃に誕生した泉二社長の長男・啓《けい》太《た》さん（現専務）は、のちに城南信用金庫が開催する「未来塾（二世経営者の教育のための塾）」に入塾します。川本理事長は「銀行ならば異動も多く、お客様との縁もその場限りになりやすい。お客様と一生つきあう信用金庫だからこそ、二代にわたるおつきあいができる。信用金庫はなんて良い仕事だと感じました」と語ります。

泉二社長は城南信用金庫について「寄り添ってくれる金融機関であり、他の銀行とは違う。私の目の黒いうちは何があろうとメインバンクは城南信用金庫」と高く評価します。師弟の絆は、今も強固です。

三六歳で支店長に

川本理事長には銀座支店時代、もう一つ忘れられない思い出があります。当時の取引先に、航空写真を撮影する会社がありました。経営内容はしっかりしていましたが、威勢の良い社長に、若き日の川本理事長はいつも圧倒されていました。

ある日のこと、その会社がチャーターした飛行機が墜落し、カメラマンが亡くなる事故が起きました。普段は融資を必要としない会社ですが、「遺族へのお見舞い金の支払いなど急な資金が必要になる」と考えた川本理事長は、社長に言われる前から一〇〇〇万円の融資を用意していました。そして「なんでも相談してください」と融資の話をすると、社長は言葉少なに「すごく助かるよ」と述べたそうです。頼まれる前に融資を用意することは、金融マンとしてありえないことです。しかし、川本理事長は次のように語ります。

「信用金庫はお客様が何を求めているのか、心の底からお客様の立場になって考え行動しないといけない。あの時の社長の顔は、自分はまちがっていないと教えてくれました」

顧客の立場に立ち、全力で仕事をする川本理事長は徐々に頭角《とうかく》を現していきます。銀座支店勤務のあと、本店を経て一九九八年、弱冠三六歳で経堂《きょうどう》支店（東京都世田谷区）の支店長になるのです。若くして一国一城の主になったものの、手痛い洗礼が待っていました。

支店は一般的に一階が接客スペースで、二階が融資など営業の基地となっています。職員は担当によって一階か二階に席がありますが、支店長は両方に席を持つのが一般的です。川本理事長が初出勤し、一階を見て回ったあとに二階に上がると、支店長の席がありません。五十代の副支店長に理由を聞くと「二階に支店長の席はありません。二階は私が任されています」と冷淡な回答でした。

普通なら怒鳴りつけてもよさそうに思えますが、ぐっとこらえます。「最初の仕事は副支店長と仲良くなることと考え」たそうです。その姿勢と能力を認めた副支店長は、やがて二階に支店長の席を用意します。親しい人や顧客だけでなく、敵対する人をも仲間に変えてしまう川本理事長の才能はこの時、すでに発現していたのです。

城南信用金庫の〝開国〟

経堂支店長として一年半を過ごした川本理事長は再び本店に戻ると、融資関連の要職を経て二〇一〇年、蒲田支店の支店長に就任します。「本店は上司・上席に気を使うばかり。支店のほうがお客様に近くて張り合いがある」と勇んで着任したそうです。

そんな川本理事長のもとに「至急本店に来るように」と書かれたFAXが届きます。「いったい何事か。叱られるのか」と驚きながらも本店に向かうと、他の支店長や幹部が勢揃いしていました。本店では、前述の吉原副理事長によるトップ交代が起こっていたのです。吉原新理事長は並み居る幹部に、城南信用金庫が体制を改めて原点に戻ることを宣言します。そして新体制に伴う人事異動により、川本理事長はわずか五カ月で本店に呼び戻されることになりました。

本店に戻った川本理事長はある日、上司から「広島に行くぞ」と出張同行を命じられます。道中、上司から名刺を手渡されました。

「今度、君にやってもらう仕事だ」

恐る恐る名刺を受け取ると、名刺には「地域発展支援部」という耳慣れない部署名の下に「部長」と書かれていました。他の信用金庫と連携し、全国地域の発展を目指す部署の初代部長に任命されたのです。

出張の目的は、広島信用金庫（本店・広島県広島市）との交流でした。それまで「外部と交流するな」「他の信用金庫と口をきくな」と言われ、〝鎖国〟状態に育ってきた川本理事長にとって、他金庫とのファースト・コンタクトです。

緊張しながら扉を開けると、温《あたた》かな笑顔と声で迎えてくれました。広島信用金庫は、広島シンガポール協会を運営したり、シンガポールからの留学生の受け入れを支援したりするなど、同国との交流に力を入れています。当時の城南信用金庫の経営陣は、川本理事長に広島信用金庫の国際交流活動と「おもてなし」の姿勢を勉強してほしかったのです。

川本理事長は他の信用金庫との交流に大いに刺激を受けます。「目から鱗《うろこ》が落ちましたよ。広島信用金庫はすばらしい。いかに城南信用金庫が遅れているのか、正直恥ずかしい気持ちでした」と振り返ります。

体制変更により数十年ぶりに外部とのかかわりを始めた城南信用金庫。その尖兵《せんぺい》に指名された川本理事長の人生もまた、大きく変化していくことになります。

被災地で見たもの

城南信用金庫の体制が変わった四カ月後の二〇一一年三月一一日、最大震度七の地震が東北・関東地方を襲います。東日本大震災です。死者約一万六〇〇〇人、行方不明者約三〇〇〇人という大災害でした。

発生当日一四時四六分、川本理事長は資産査定監査部長として城南信用金庫本店の五階で業務にあたっていました。とてつもない揺れを感じたあと、被害状況を知るためにテレビをつけると、画面には真っ黒な津波が襲いかかる様が映し出されます。チャンネルを切り替えても、地震と津波のニュースばかり。「とんでもないことになった」。川本理事長は戦慄します。

震災から一週間後、城南信用金庫はバスをチャーターし、「実家や親戚が心配」と言う職員たちを乗せて東北に向かいました。同庫は高度経済成長期からバブル経済期にかけて東北の高卒女性を新卒採用しており、東北に実家・親戚を持つ職員が少なくありませんでした。城南信用金庫にとって東日本大震災は他人事《ひとごと》ではなく、自分事だったのです。

東北に着いた職員たちが目にしたのは、地震と津波に蹂躙《じゅうりん》された故郷でした。破壊された家屋、横転する車、陸に打ち上げられた船、山積みの瓦礫《がれき》……。

帰京した職員から報告を受けた城南信用金庫執行部は、被災地支援を決定します。四月一五日には吉原理事長はじめ九人の役職員が被災地に支援物資を届け、四月二〇日から職員による炊き出しを行ないます。義援金として三億円を拠出しました。ちなみに、メガバンクの義援金は一億円です。金額の多寡を比べるべきではありませんが、城南信用金庫の「本気」は伝わってきます。

二〇一二年一月からは宮城県石巻《いしのまき》市の寺院の協力のもと、境内《けいだい》を拠点とした本格的な支援活動を始めました。支援用にトラックを二台購入し、一台は移動図書館として職員から集めた本を貸し出し、一台は調理用としてポップコーン、綿飴、たこ焼きなどを提供しました。被災地での支援活動は二〇一五年まで継続し、延べ七五〇人の役職員が参加しました。

被災地での支援活動

ボランティアとしてポップコーンやコーヒーを提供。支援用に購入した移動図書館「しらうめ号」も見える　（城南信用金庫提供）

内定取り消し者を採用

被災地では二〇一一年、東日本大震災を理由に企業の内定取り消しが相次ぎ、信用金庫業界でも同様の事例が発生していました。

被災地の信用金庫と将来の業界を担《にな》うはずだった学生の力になりたい。そう考えた城南信用金庫は、岩手県宮古《みやこ》市に本店を置き壊滅的な被害を受けた宮古信用金庫、福島県南相馬《そうま》市に本店を置き原発事故で一部店舗の営業休止を余儀なくされたあぶくま信用金庫から相談を受け、両信用金庫に就職予定だった一〇人を採用します。

その時に採用された遠野《とおの》海《まいる》さんは現

在、テラー（窓口担当職員）として支店で働いています。遠野さんは岩手県釜石《かまいし》市の出身、実家の養殖業は養殖施設から加工施設、船まで津波にさらわれました。高校の同級生には、被災と内定取り消しのショックで就職をあきらめる人も少なくありませんでした。しかし遠野さんは「両親の負担を考えると絶対に働きたい」と考えていたそうです。そして故郷を離れ、城南信用金庫への就職を決意します。

二〇一一年六月に上京すると、職員寮での新生活が始まります。ホームシックもあり、最初は「岩手に帰りたい」と枕を濡《ぬ》らすこともありましたが、今では後輩を指導する立場になりました。遠野さんは次のように語ってくれました。

「公共的な使命があり、会社のためではなく地域のために働いていることは胸を張れるところです。産休・育休も取りやすく、女性が働きやすい職場だと感じています。採用されたことも感謝ですが、一〇年間働いて一生つきあっていきたいと感じる仲間に出会えたことにも感謝しています」

遠野さんの実家も新しい船を購入し、被災前のように養殖業を再開したそうです。

「私の家族は無事でしたが、親戚や友人には亡くなった方もいます。その人たちのためにも一生懸命、楽しんで生きていかないといけないと思います」と微笑む遠野さん。まだしばらくの時間はかかるかもしれませんが、地域は復興へと着実に歩んでいます。

ゼロから始める

東日本大震災以降、地域発展支援部は被災地支援の中心部隊となります。さまざまな支援を行なうなかで生まれたアイデアが、東北の名産品を首都圏で販売したり、東北と首都圏の企業をビジネスマッチングするイベント「よい仕事おこしフェア」です。

あれから10年……

被災そして内定取り消し。現在は城南信用金庫のテラーとして働く遠野海さん

信用金庫は営業エリアが制限されているため、地域の離れた信用金庫同士は仲が良いケースが多いのですが、城南信用金庫は十数年にわたって外部との交流を閉ざしていたので、東北の信用金庫との人脈はもちろん、情報もほとんど

ありません。まさにゼロからのスタートです。

「東北を支援しようとしているのに、東北の信用金庫のことを何も知らない」。川本理事長は歯噛《はが》みしながら、業界団体である東北地区信用金庫協会に接触を試みます。対応したのは佐藤進《さとうすすむ》常務理事（当時）です。

川本理事長は「東北の信用金庫とその取引先を支援するイベントを行ないたいのですが、接点がありません」と正直に話し、助力を請《こ》います。佐藤常務理事は同協会の前には、財務省で銀行や信用金庫など金融機関の監督・検査の仕事に携わっており、城南信用金庫のことも知悉《ちしつ》していました。次のように振り返ります。

「独立独歩の経営で業界と距離を取っていた城南信用金庫が経営陣を刷新して、信用金庫の原点に立ち返ったことは聞いていましたが、実際に川本さんの話を聞き、ぜひ力になりたいと思いました。私は昔から、利益追求の銀行よりも地域密着で顧客第一主義を貫く信用金庫を好ましく感じていましたし、何より信用金庫を作り上げた小原鐵五郎氏を尊敬していましたから」

佐藤常務理事はすぐに自ら東北地方の二七信用金庫のトップに電話すると、城南信用金庫の提案を紹介したのです。その後、紹介を受けた川本理事長らは二七の信用金庫を手分けして訪問しました。訪問を受けた一人、福島県いわき市を地盤とするひまわり信用金庫の台正昭《うてなまさあき》理事長は「川本さんは、福島県沿岸部の津波で被害を受けたエリアを視察し、『これはなんとかしなくてはいけない』と言ってくれた」と感謝の思いを隠しません。

結局、二七の信用金庫はすべて、「よい仕事おこしフェア」への参加を表明しました。

「よい仕事おこしフェア」の大成功

二〇一二年一一月一日、第一回「よい仕事おこしフェア」が東京ドームで開かれました。東北二七、東京二三、他府県一三の信用金庫が参加し、五エリア（ビジネス、社会関連、東北支援・特産品、東北支援・飲食店、バイヤー）・六二一ブースに、来場者一万九四七二人・商談数七九九五件という盛況ぶりです。

東北六県の特産品を購入できることはもちろん、取引先の製品・技術の展示の他、取引先同士のビジネスマッチングも行なわれました。ステージではタレントによるパフォーマンスが華《はな》を添えていました。物産展であり、商談会であり、エンターテインメントでもある「よい仕事おこしフェア」は、信用金庫業界のスケールを超えるイベントとなったのです。

この運営を一手に担ったのが川本理事長です。企画、集客、準備、設営からあとかたづけまで全工程に携わり、内容をチェックしつつ、スタッフを鼓舞し続けました。川本理事長は「はじめてのことばかりで、正直死ぬかと思うほど忙しかったです」と笑いますが、撤収が終了したのは深夜。休憩用に手配していたホテルで休む時間もなかったそうです。

大成功に終わった「よい仕事おこしフェア」ですが、東日本大震災の復興が長期化していくなか、被災地を継続的に支援する取り組みとして定期開催となりました。会場に関しては、大阪や九州開催のアイデアもありましたが、集客やアクセスの観点から、東京での定期開催に落ち着いています（第二回からは東京国際フォーラムに変更）。

ひまわり信用金庫の台理事長は「よい仕事おこしフェアはお客様のためだけでなく、信用金庫の職員の成長にも役立ちます」と語ります。各信用金庫は取引先企業と一緒に上京しますが、取引先は旅費の関係もあり、販売スタッフを帯同することはほとんどありません。販売員を務めるのは各信用金庫の職員です。これが接客の訓練になるというのです。

よい仕事おこしフェア

上／2012年11月1日、東京ドームを埋め尽くしたブース。下／通路が通れないほどの盛況ぶり　（城南信用金庫提供）

台理事長いわく「最初はおっかなびっくり声を出していた職員も時間が経つにつれて積極的に声を出し、売り方を工夫することで成果を上げていきます。これは信用金庫の窓口に座っているだけではけっして得られない知恵です。私は『よい仕事おこしフェア』は職員の研修でもあると思っています」。

「よい仕事おこしフェア」は東日本大震災だけではありません。二〇一六年の熊本地震、二〇一九年に千葉県を襲った台風など、他の災害復興も支援しています。そして年々、規模を拡大。二〇一九年には全国の信用金庫二五七金庫のうち二二九金庫が協賛、来場者四万七六二〇人を数えるまでになりました。復興大臣や金融庁長官、東京都知事なども参加するなど、信用金庫の連携による地方創生の取り組みが行政からも注目を集めていることがわかります。

二〇二〇年は二四九金庫が協賛。コロナ禍のため、リアルとリモートを組み合わせて開催しました。

信用金庫が酒造り⁉

「よい仕事おこしフェア」から生まれた事業に「興《お》こし酒《ざけ》プロジェクト」があります。これは各地の信用金庫がお米を持ち寄り、ブレンドして日本酒を造り、一本売れるごとに被災地に一〇〇円を寄付する取り組みです。川本理事長は、その狙いを次のように語ります。

「全国の信用金庫の絆を形にできるような商品として、お米を持ち寄って日本酒を造ることを思いつきました。お酒を醸《かも》すことは、信用金庫のつながりを深めることをイメージしますし、できあがったお酒を酌《く》み交《か》わして仲を深めたいとの思いもありました」

しかし、スムーズに商品化できたわけではありません。酒造りは良い米と良い水が必要と言われますが、酒米《さかまい》をブレンドすることを酒蔵が嫌がり、醸造を引き受けてくれるところが見つからなかったのです。困った川本理事長は、東日本大震災の支援や「よい仕事おこしフェア」で親交を得ていた福島民報に酒蔵探しを依頼します。

福島民報が紹介したのが、曙酒造（福島県河沼《かわぬま》郡会津坂下《あいづばんげ》町）です。曙酒造は東日本大震災直後に被災地支援の寄付金をつけた日本酒を販売した経験があり、この提案を了承します。六代目の鈴《すず》木《き》孝市《こういち》社長は「日本酒を通じて困っている人に手を貸せる、やりがいのある仕事と感じた」と述べています。

とはいえ、ブレンド米（被災地の岩手・宮城・福島・熊本県の米）による日本酒造りは新挑戦です。長年の経験とノウハウを活かして、なんとか商品化に漕《こ》ぎ着けました。それが、二〇一七年に東日本大震災と熊本地震の復興を目的とした純米大吟醸酒「絆結《きゆ》」です。

二〇一八年には、全国四七都道府県から集めたお米（そのなかには酒米だけでなく飯米《はんまい》も含まれています）を使い、日本酒を造ります。その精米歩合は都道府県数にちなみ四七%、飲んだら舞い踊りたくなるような酒にしたいとの思いを込めて「絆舞《きずなまい》」と命名しました。

二〇一九年はさらに多くの信用金庫が参加して「絆舞令和」を造り上げ、二〇二〇年には新型コロナ禍に苦しむ全国の商工業者を応援するために「二〇二〇《フレフレ》絆舞」を造りました。酒の仕込みには城南信用金庫をはじめ、有志の信用金庫が参加しており、共同での醸造作業は絆を深める一助になっています。

首相を囲んで

2021年12月22日、「絆舞」を持って岸田文雄《きしだふみお》首相を表敬訪問。左から樋《ひ》口郁雄《ぐちいくお》東北地区信用金庫協会会長(福島信用金庫理事長)、御室健一郎《みむろけんいちろう》全国信用金庫協会会長(浜松いわた信用金庫会長)、岸田首相、澁谷哲《しぶやのり》一《かず》東京都信用金庫協会会長(東京東信用金庫会長)、川本恭治城南信用金庫理事長

二〇二一年一〇月一〇日、全国から一三の信用金庫が曙酒造に集まり、「絆舞」の搾《しぼ》り式を開催しました。試飲した内堀雅雄《うちぼりまさお》福島県知事は、「やわらかくて温かい味わいだ。全国から集まってきたお米は福島への『がんばれ』という思いを感じる。絆舞が全国で飲まれることで、福島からの『ありがとう』を届けられたら」と語りました。

信用金庫による酒造りは日本酒以外にも広がっていま

す。二〇一九年に熊本地震の被災者を支援する米焼酎「絆咲《きしょう》」が、二〇二〇年には千葉県の台風被害者支援のために千葉県産落花生《らっかせい》を原料にした焼酎「絆華《きのはな》」を製造・販売しています。いずれも、価格の一部に被災地への寄付金が含まれており、飲めば飲むほど被災地の役に立ちます。

さらに日本酒造りで発生する酒粕《さけかす》を使ったカステラ、わさび漬け、魚の粕漬《かすづ》けなども開発されています。二〇二一年一一月には、東京都品川区の銭湯で酒粕風呂も行なわれるなど、新たな事業を生み出し続けています。

一年に一回から、毎日へ

年々規模を拡大する「よい仕事おこしフェア」ですが、さらなる交流を求める声が信用金庫から高まります。同フェアは年に二日間だけ行なわれるイベントのため、機会を逃《のが》すと、次は一年後になってしまいます。そこで誕生したのが、インターネットによって全国の信用金庫や企業がいつでもビジネスマッチングできるサイト「よい仕事おこしネットワーク」です。サービス開始は二〇一九年六月です。

同サイトには、ビジネスパートナーの募集情報や全国各地の特産品情報などが掲載されています。デザインはシンプルながら、必要な機能がわかりやすく盛り込まれています。

その特徴は、全国の二〇〇以上の信用金庫が取引先と共に参加していることです。各信用金庫には「よい仕事おこしネットワーク」の専属コーディネーターがおり、顧客の販路拡大や事業連携の機会を見逃さないよう、マメに情報をチェックしています。普通のビジネスマッチングサイトでは情報を書き込んだだけ、眺《なが》めただけで終わってしまうケースも多いですが、専属コーディネーターが活動することでマッチングの成功率を高めているのです。

同サービスを利用している京都中央信用金庫（本店・京都府京都市）地域創生課の山下《やました》正人《まさと》さんは、「信用金庫のインターネットでのビジネスマッチングが他にもありますが、『よい仕事おこしネットワーク』がもっとも勢いを感じます。各信金がそれぞれのお客様の情報を能動的に載《の》せているので、マッチングしようという熱意が違うのです」と絶賛します（京都中央信用金庫の取り組みについては第五章で触れます）。

サイトの運営コストは事務局である城南信用金庫が負担し、利用者の負担は無料です。

信用金庫の顧客には小規模事業者が多く、これはありがたいでしょう。それを反映してか、登録社数は信用金庫が二〇六、企業は一万社を超えました（二〇二一年九月時点）。

※2021年12月8日時点の締結順

大企業・団体	中小企業	信用金庫
モバイルスマートタウン推進財団	10,338社	249金庫
三越伊勢丹	ほか200社以上	
47CLUB		
品川区商店街連合会		
フューチャーベンチャーキャピタル		
日本労働者協同組合連合会		
日本立地センター		
三菱地所リアルエステートサービス		
全国観光土産品連盟		
損害保険ジャパン		
キャンサーネットジャパン		

「よい仕事おこしネットワーク」は行政にも高く評価され、二〇二〇年には地域産業活性化の取り組みを評価する「イノベーションネットワークアワード」（主催・全国イノベーション推進機関ネットワーク）の経済産業大臣賞を、事務局の城南信用金庫が受賞しています。

捨てていた貝殻が資源に化ける

「よい仕事おこしネットワーク」によって、これまでの信用金庫では考

「よい仕事おこし」プロジェクトの連携先

自治体	学校法人	マスコミ
［都道府県］	神奈川大学	中日新聞社
和歌山県	多摩大学	福島民報社
［市区町村］	千葉商科大学	日刊工業新聞社
宇部市（山口県）	横浜商科大学	静岡新聞社・静岡放送
下関市（山口県）	明治学院大学	熊本日日新聞社
静岡県東京事務所	二松學舍大学	全国地方新聞社連合会
橿原市（奈良県）	日本工業大学	奈良新聞社
飯舘村（福島県）	新宿調理師専門学校	東京メトロポリタンテレビジョン
大垣市（岐阜県）	サレジオ工業高等専門学校	日本経済新聞社
長門市（山口県）	立正大学	和歌山放送
町田市（東京都）	清泉女子大学	千葉日報社
狛江市（東京都）	日本体育大学	日刊スポーツ新聞社
いわき市（福島県）	富士大学	ジェイコム東京
伊勢崎市（群馬県）	近畿大学	毎日新聞社
福島市（福島県）	大正大学	神奈川新聞社
矢祭町（福島県）	追手門学院大学	岩手日報社
港区（東京都）		
日光市（栃木県）		
八代市（熊本県）		
稲城市（東京都）		
高岡市（富山県）		
松山市（愛媛県）		
和歌山市（和歌山県）		
人吉市（熊本県）		
世田谷区（東京都）		
双葉町（福島県）		
東温市（愛媛県）		

えられなかったようなビジネスマッチングの好事例が続々と生まれています。その一つを紹介しましょう。

トラスト企画（福島県いわき市）は、産業廃棄物として引き取った廃プラスチックやペットボトルから高機能素材を作っています。美術館や百貨店での採用実績もある、東北の隠れたオンリーソンメーカーです。

同社が力を入れているのが、生分解性《せいぶんかいせい》プラスチックの開発です。生分解性プラスチックとは、自然環境に廃棄しても土中や水中の微生物によって分解され、最終的には水と二酸化炭素となるプラスチックのことです。環境への負荷は低いですが、価格が高いのが難点です。同社の生分解性プラスチックは天然由来、廃棄物由来の素材を混《ま》ぜてコストダウンを実現しているのが特徴で、他の素材を混ぜることで新機能も付加できます。

二〇一九年、同社の宮野悦甫《みやのよしまさ》社長は、抗菌性の高い生分解性プラスチックを開発するため、貝殻を探していました。焼いて粉末化した貝殻はアルカリ性であり、高い抗菌効果を有するからです。最初は、抗菌素材として実績のある青森県のホタテを使うことを検討しますが、価格がネックでした。また、研究の結果、ハマグリやアサリなどの二枚貝は焼《しょう》成《せい》しても体積が七割程度残りますが、ホタテは約五割が失われることがわかりました。これでは思うようなコストダウンができません。

次に考えたのは、地元・福島県の二枚貝です。福島県相馬市はホッキ貝を特産品としています。これなら無償で手に入ると思われましたが、今度は原発事故から何年経っても消えない放射能の風評被害で、思うように集まらないことが問題となりました。忸怩《じくじ》たる思いであきらめた宮野社長は、取引先であるひまわり信用金庫に相談しました。
ひまわり信用金庫の職員は早速、「よい仕事おこしネットワーク」に貝殻募集の情報を掲載します。すると一週間後、千葉県銚子《ちょうし》市に本店を構える銚子信用金庫から「うちのお客様なら無償で提供できるかもしれない」との返事がありました。驚いたのは宮野社長です。たった一週間で解決の糸口が見えたのですから。台理事長は「信用金庫は常にお客様のことを考えて仕事をしています。だから成果を出すのも早いのです」と胸を張ります。

銚子信用金庫が推薦したのは、シジミ、ハマグリ、アサリなどの二枚貝を販売している水産加工会社の藤代商店（千葉県銚子市）です。藤代商店はそれまで、死貝や割れた貝は産業廃棄物として有償で処分していました。これを無償で引き取りたいというトラスト企画の申し出は藤代商店にもメリットがあったのです。その後、両者の連携はスムーズに進みました（銚子信用金庫については第五章でも触れます）。

何度も述べているように、信用金庫は営業エリアが限定されているため、遠隔地の企業情報はほとんど持ち合わせていません。福島と銚子という離れた場所でのビジネスマッチングは、従来であれば不可能なことでした。それが、信用金庫同士でネットワークを組むことで可能となり、迅速な連携を実現させたのです。

この事例以外にも「よい仕事おこしネットワーク」では日々、好マッチングを生み出し、ビジネスプラットフォームとして存在感を高めています。そしてコロナ禍で対面型のビジネスマッチングが難しくなったこともあり、銀行も相次いで同様のサービスを打ち出すようになりました。

たとえば、三菱UFJ銀行では二〇二一年七月から「Bizry（ビズリー）」をスタートさせ、AIによるビジネスマッチングを行なっています。三井住友銀行は、三重県四日市《よっかいち》市に本店を置く三十三銀行と連携し「Biz-Create（ビズクリエイト）」を運営しています。取引先の規模も、サービス内容も異なるため単純な比較はできませんが、「よい仕事おこしネットワーク」が金融機関発のオンラインビジネスマッチングサービスに先鞭《せんべん》をつけたことはまちがいありません。

よい仕事おこしプラザ

全国の信用金庫の連携拠点として2020年7月にオープンした

全国の信用金庫の拠点を作れ

「よい仕事おこしネットワーク」に続いて、城南信用金庫が取り組んだのが、全国の信用金庫の交流拠点となる「よい仕事おこしプラザ」です。各地の名産品の展示・紹介にとどまらず、セミナーや商談会も開催しています。

同プラザが置かれたのは、京浜急行線の天《てん》空橋《くうばし》駅直結の「HANEDA INNOVATION CITY（略称HICity《エイチアイシティ》）」内です。

HICityは、研究開発施設、先端医療研究センター、会議場、イベントホール、日本文化体験施設などからなる大型施設です。

もともとは東京オリンピック・パラリンピックに合わせて二〇二〇年七月開業、海外から訪れる観光客を「おもてなし」する計画でした。しかし新型コロナウイルスの感染拡大を受けて多くの企業が出店を延期します。

そのようななか、城南信用金庫は「よい仕事おこしプラザ」を予定通り、二〇二〇年七月に開業します。しかも、同プラザを「新型コロナ対策拠点」と位置づけ、取引先の支援に着手するのです。感染対策製品の商談会や受発注相談会などを多数開催、新型コロナで暗く沈む地域を盛り上げました。

コロナ禍が収束すれば、全国の信用金庫が上京してきた際のワーキングスペースとして活用することも想定しています。

コロナ禍における支援①　一週間でマスクを提供

ここで、コロナ禍に対しての城南信用金庫と「よい仕事おこし」の取り組みについて触れておきましょう。

二〇二〇年一月、中国・武漢《ぶかん》で確認された新型コロナウイルスは、日本社会を根本から揺さぶりました。大企業では在宅勤務が推奨され、通勤客は激減。在宅勤務がしにくい製造業のなかには、感染防止のため公共交通機関を避けて、貸し切りバスを用意するところもありました。景気の先行きが不透明となり、人々の消費マインドは冷え込みます。大企業の発注は抑え気味になり、下請けである中小企業の業績は悪化していきました。

いっぽう、金融機関は来店客の予約制などを実施したものの、通常通り営業しました。運転資金など融資を求める事業者や個人の対応にあたるため、政府から通常営業を要請されたためです。城南信用金庫も感染防止に努めつつ、すべての店舗で営業しました。そして、地域で先駆けた迅速な取引先支援を行ないました。

二〇二〇年四月、最初の緊急事態宣言が発出された直後、「よい仕事おこしフェア」のLINEグループに、次の投稿がありました。

「全国のみなさまに緊急のお願いです」

発信者は川本理事長です。「よい仕事おこしフェア」では、全国の信用金庫関係者に加えて、「よい仕事おこし」に賛同する自治体、教育機関、マスコミなどをメンバーに加えたLINEグループを作っています。そこでは普段、各地の信用金庫によるニュースや川本理事長の行動録などが記載されています。そこに急遽《きゅうきょ》、川本理事長のメッセージが投稿されたのです。

「コロナ対応のため、病院ではマスクや防護シールドなどの医療機器の不足が深刻化しています。新型コロナ患者の治療にあたる東京医科歯科大学の大学病院からSOSを受けたので、支援できる人は手を挙げてください」

これを受けて、全国の関係者が行動を起こします。福島信用金庫（本店・福島県福島市）は、東日本大震災時に受けた恩を返すとばかりに、即座に支援を表明。城南信用金庫の取引先であるタマチ工業（東京都品川区）も、備蓄しているマスクの供出を申し出ました。マスコミ関係者は、取材や情報提供で活動を側面支援します。城南信用金庫自身も高性能マスクを購入すると、全国から集まった支援物資と併《あわ》せて病院に寄付しました。

驚くべきはそのスピードです。川本理事長の投稿は二〇二一年四月一九日、そこから一週間も経たないうちに、寄付が実現しています。関係者への正式な連絡ルートではなく、あえてＬＩＮＥを使ったのは、スピード感のある対応を狙った川本理事長の判断でした。

コロナ禍における支援②　町工場と大企業をつなぐ

城南信用金庫が地盤とする東京都大田区・品川区には、多数の町工場があります。その多くは大企業の下請けで、「社員十数人・営業は社長一人」という規模です。コロナ禍で大企業の発注に急ブレーキがかかった結果、町工場の業績も悪化しました。彼らは金融機関の融資で露命《ろめい》をつなぎながら事態の好転を待つ、持久戦を強《し》いられたのです。

しかし、融資は有限であり、いずれ兵糧は尽きます。反転攻勢の糸口を摑《つか》もうとする中小企業を支援するために地域でもっとも早く動いたのが、城南信用金庫です。

最初に開催したのが、大企業と中小企業による受発注商談会です。発注者として、大田区に本社を置く東証一部上場企業の日東工器が参加しました。同社は、「カプラ」と言われる流体継手《りゅうたいつぎて》（配管をつなぐ機器）や機械工具を製造するメーカーです。国内で大きなシェアを持ち、利益率も高い優良企業です。

日東工器はそれまで、地元企業との取引はほとんどありませんでした。しかし、コロナ禍で地元企業の苦戦を耳にした小形明誠《おがたあきのぶ》社長は「自分たちにも何かできないか」と城南信用金庫に問い合わせます。以前より同庫の地域貢献活動に共感を覚えていた小形社長は

「われわれは大田区で発祥し、育ててもらった企業です。パンデミックという未曽有《みぞう》の危機を前に、地域のために何かするべきだと思いました」と語ります。

受発注商談会当日、城南信用金庫本店に日東工器と大田区・品川区の中小企業が集まりました。中小企業は自社の技術力をアピールし、日東工器ではそれを丁寧《ていねい》に聞いて質問していきました。その結果、富士測範（東京都大田区）は日東工器の試作部品の加工を、メイホー（同）は日東工器栃木工場で生産している量産品の電解研磨《けんま》とメッキを受注しました。

日東工器の担当者によれば、「富士測範さんの精密加工と納期、メイホーさんの安定品質とコストパフォーマンスは驚きのレベル」とのこと。城南信用金庫と日東工器の地域貢献への思いが、地域経済に新たな流れを起こしたのです。この商談会はマスコミ各社で大きく報道されました。

この話には後日談があります。日東工器は大企業であり、城南信用金庫の取引先ではありません。メインバンクは某メガバンクが務めています。そのメガバンクの役員から、小形社長に「われわれも企業を紹介してお力になりたい」との申し出があったのです。それ

中小企業への支援

中小企業を支援するため、東証一部上場企業・日東工器（左）との商談会を開催した

によって日東工器は、ロボティクス（ロボット工学）、ＩｏＴ（モノのインターネット）、ＡＩなどの技術を持つ六社のスタートアップ企業と意見交換の機会を得ます。

これは小形社長にとって大いに刺激になったようで、日東工器は自社製品の自動化対応を進めつつ、製造工場の自動化とロボット化を加速していくことになりました。

城南信用金庫の中小企業支援策がメガバンクに刺激を与え、大企業のイノベーション創出を促す。すばらしい循環が生まれたのです。

コロナ禍における支援③「つながろうプロジェクト」

最初の緊急事態宣言の発出から一年が過ぎた二〇二一年春、大企業の業績は急回復し、下請けである中小企業の経営にも光明が差し始めました。

いっぽう、深刻な打撃を受け続けたのが飲食店です。営業時間の短縮、酒類の提供自粛を求められるなど、大きな制限を受けました。休業要請に応じることで自治体からの協力金を得られましたが、それでやっていけるのは小さな個人商店だけ。多くの店は、テイクアウトやケータリング販売に力を入れ、わずかでも売り上げを伸ばそうと努力していました。

城南信用金庫の営業エリアである東京都大田区・品川区や神奈川県横浜市・川崎市には、多くの飲食店があります。その支援のため、各支店の駐車場を使ってお弁当の即売会を開いたところ、どの即売会も好評で、一二時を待たずに売り切れになりました。大成功です。

さらなる売り上げの増加を目指し、各店のテイクアウト情報をより広いエリアの人々に知らせよう――。そう考えた城南信用金庫は、飲食店のテイクアウト情報発信サイト「つながろうプロジェクト」を立ち上げます。これはエリア、料理の種類、店名などで飲食店を検索できるサービスです。取引先はもちろん、取引先ではない飲食店も掲載しました。地域金融機関として、地域の飲食店すべてを救おうとの思いからです。

プロジェクトの周知を図るため、二次元コードを大きく印刷したポスターやチラシを作成して、各店に貼り出しました。

スタート時は城南信用金庫の営業エリアのみでしたが、利用者の利便性のため、東京・神奈川全域に拡大しようとします。ただ、これは城南信用金庫の営業エリアを越えることになります。そのため、川本理事長は東京都信用金庫協会（東信協）にかけあい、都内の他の信用金庫にも参加を呼びかけました。

すると、足立成和信用金庫、さわやか信用金庫（本店・東京都港区）や城北信用金庫（同荒川区）など、都内一七信用金庫が賛同。さらに神奈川県の信用金庫も参加し、飲食店数は一気に増えました。その結果、「つながろうプロジェクト」の利用者は飛躍的に増加し、二〇二一年八月には登録飲食店数が二〇〇〇を超えました。

信用金庫による飲食店支援の取り組みはマスコミからも注目され、NHK、東京新聞など多くのメディアで好意的に報道されました。

利他の経営

実は、「よい仕事おこしフェア」開催には多額の費用がかかります。東京国際フォーラムの会場費や集客に必要なＰＲ費用はすべて城南信用金庫が負担しており、その金額は数億円に上ります。

全国の信用金庫との連携に価値があることは理解できますが、経費の大部分を一金融機関である城南信用金庫が負担する必要性や合理性があるのか。その費用は自分たちのために使うべきではないのか。そんな思いから、川本理事長に率直にうかがいました。

「『よい仕事おこしフェア』に多くの予算を投じることに、御庫内で反対意見はありませんか」

川本理事長は間《ま》を置かずに「確かに、城南信用金庫の全員が賛成しているわけではありません」と答えられました。重ねて「なぜ反対意見を押してまで実行するのですか」と問うと、私の目をまっすぐに見て次のように答えました。

「確かにお金はかかりますが、もしテレビコマーシャルを流したら一瞬でなくなってしまうくらいの金額です。そういったプロモーションと天秤にかけたら、全国の信用金庫が絆を深めることに使ったほうがよいと考えています」

大手信用金庫のなかには、テレビCMを流しているところもあります。確かに認知度は上がっていますが、それが取引先や利用者の評価につながっているかは未知数です。

筆者は、優れた経営者とは「お金を稼ぐ」ことがうまい経営者ではなく、「お金を使う」ことがうまい経営者だと考えています。だとするなら、川本理事長はまちがいなく優れた経営者と言えるでしょう。

プロ経営者として、さまざまな大企業を渡り歩く人がいます。そのなかには、リストラをして目先の利益を稼いでいるだけのケースもあります。短期利益と配当を望む株主には喜ばれるでしょうが、企業の永続性を考えれば最適な判断とは必ずしも言えません。

「お金を使う」ことは不安定要素を孕《はら》みます。最新型の機械を購入しても、そのぶん仕事が増えるか否《いな》かは未知数ですし、M&Aで他の会社を買っても思い描いたシナジー効果が発揮できる保証はありません。このように「効果」は将来にしか現れませんが、「支出」

はすぐに結果として現れるので、株主からは批判を受けがちです。CSR（企業の社会的責任）やSDGs（持続可能な開発目標）のように社会貢献性の高い活動は言わずもがな、お金をうまく使うことは、稼ぐこと以上に難しいのです。

城南信用金庫にとって、「よい仕事おこしフェア」がそのような支出であることは想像がつきます。東日本大震災の被災地支援と言っても、東京の城南信用金庫と直接関係する話ではなく、全国信用金庫の連携についても、それで城南信用金庫が儲かるわけではありません。

ただ、一〇年にわたる被災地支援活動により、城南信用金庫の評価が高まったのは事実です。かつての外部交流をしなかった〝鎖国〟イメージを払拭するだけでなく、企業価値を高めるような記事でメディアに取り上げられることが多くなり、業界内はもちろん、業界外でも好意的に受け止められています。

二〇二〇年一〇月、東京新聞において信用金庫の活動を紹介する「金は銀より上」が連載されました。そのなかで、福島県の復興に貢献してきた城南信用金庫の活動が紹介され、感銘を受けた読者が城南信用金庫に口座を開くということも起こっています。

金融庁の幹部は「東京都という恵まれた土地で業務をしているのが、都内の信用金庫の最大の強み。そこで得た利益を全国の信用金庫のつながりに投じようというのは、川本理事長の人徳」と「よい仕事おこし」を高く評価しています。

取材最後に、川本理事長は次のように語ってくれました。

「信用金庫は地域を守らなければいけないが、その『地域』とは自分たちの営業エリアだけを指すのではありません。インターネットで全国がつながり、産業のサプライチェーンで全国がつながる現在、『自分のエリアだけ良ければ』と考えて行動しても意味はないのです。今はコロナ禍により、全国の信用金庫がリアルに交流することはできませんが、『地域を助けなければ』という気持ちは共通しています。リアルが無理ならリモートなど、あらゆる手段を使って地域の経済を支える。コロナ禍などで暗い話題が多い時代ですが、そんな時代だからこそ、信用金庫発で日本を明るく元気にしていきたい」

城南信用金庫発の「よい仕事おこしフェア」から、全国の信用金庫が連携するようになりました。そして顧客も消費者も、地域の信用金庫に目を向け始めました。次章では、全国の個性的な信用金庫の個性的な活動を紹介します。

第五章

全国の個性的な信用金庫

「お菓子づくりのまち」を盛り上げる、足立成和信用金庫

日本には二五四の信用金庫があり、それぞれ独自に地域経済活性化策に取り組んでいます。狭域かつ高密度な店舗配置とフットワークの軽さを活かして活動する全国の信用金庫を取材しました。

最初に紹介するのは、第二章で触れた足立成和信用金庫です。同庫は東京都足立区内に二〇店舗を構え、区や商工会議所との関係も深い、地域の金庫番的存在です。

足立区は知る人ぞ知る「お菓子づくりのまち」であり、ジャムサンド、麩菓子《ふがし》、煎餅《せんべい》など昔ながらの菓子製造業者が多数あります。東京都菓子工業組合会員の約三割が足立区の会社です。理由については諸説ありますが、江戸時代に上野《うえの》や神田で興った菓子産業が、関東大震災の被害や東京大空襲による戦禍を逃れて足立区に移動してきたというのが有力です。江戸時代の手工業の菓子屋は時代を経て、工場を持つ菓子産業へと成長していきましたが、現在は後継者不足、人材難、周囲の住宅化により、減少傾向にあります。

そんな状況を憂《うれ》えた足立成和信用金庫は「お菓子づくりのまちとしての足立区をさらにPRしよう」と、お菓子をテーマにしたイベントを企画します。地元の大型ショッピング

地域のために

足立成和信用金庫などが地域活性化のために企画した「あだち菓子博」

モールのアリオ西新井《にしあらい》から「地域に貢献できるイベントを開催したい」との申し出があったこともあり、東京商工会議所足立支部らとの共催で「あだち菓子博」を二〇一九年に初開催しました。お菓子の即売会も好評で、二日間の来場者は延べ一万人に上りました。

手応えを感じた足立成和信用金庫は、すぐに第二回となる「あだち菓子博二〇二〇」を準備。子供たちのアイデアをもとに新たな菓子を作る「あだち夢のお菓子コンテスト」の実施も計画しますが、コロナ禍とぶつかります。

「正直、開催できないと思いました」と言

うのは、イベントの中心人物である足立成和信用金庫の吉田修《よしだおさむ》さんです。吉田さんは本店以外にも、竹の塚《たけのづか》、皿沼《さらぬま》、西新井などの支店（すべて東京都足立区）で勤務し、足立区に出向経験もある、地域の状況に精通した人物です。現在は地域応援推進担当課長を務めています。

二〇二〇年三月、「あだち夢のお菓子コンテスト」の開催が決まった同時期に、政府は感染防止のため小中学校の学級閉鎖を決定しました。状況が厳しくなるにつれ、開催に二の足を踏む意見も出てきます。しかし、吉田さんは「家庭にいる小学生たちはやることもなく、ストレスを溜《た》めているだろう。コンテストのアイデアを出すことは、つらい時期の息抜きにもなるのではないか」と、周囲を説得し続けました。

五月にコンテストの募集を開始すると、吉田さんの手元に二七一点のお菓子のアイデアが届きました。動物の顔を並べたホールケーキ、表面に花火を描いたパンケーキ、箱までお菓子で作るお菓子の玉手箱など、独創的なアイデアばかりです。

開催日である二〇二〇年一〇月後半は、新型コロナウイルスの感染が収まりかけていました。関係者は協議の末、万全の感染防止措置を講じたうえでの開催を決定。人の密集を避ける観点から、出店者を半分に減らしての開催でしたが、両日とも多くの来場者が来訪し、参加店のお菓子の平均売り上げは前年比七四％増となりました。「夢のお菓子コンテスト」の入選作品をもとに職人が製作したお菓子も、飛ぶように売れました。

「『菓子博』も『夢のお菓子コンテスト』も、まだまだPRが課題です」と、足立成和信用金庫の土屋武司《つちやたけし》理事長は語ります。子供がお菓子コンテストに応募してはじめて足立区がお菓子の町だと気づく親も多いそうです。「もっとPRに力を入れ、足立区の底力を見せたい。お菓子コンテストで足立区の名物となるようなお菓子を作りたい」と意気込んでいます。

「御宿場印プロジェクト」での連携

足立成和信用金庫は二〇二一年一一月、創立九五周年を迎えました。その記念事業として実施したのが、「御宿場印《ごしゆくばいん》プロジェクト」です。

御朱印《ごしゆいん》（社寺で押印される印章や印影）はよく聞きますが、御宿場印とは耳慣れない言葉です。これは足立成和信用金庫が生み出した造語であり、全国初の試みです。具体的には、五街道の一つである日光道中《にっこうどうちゅう》の日本橋《にほんばし》・日光間《にっこう》三〇カ所の宿場印＝イラストカードなどを集めるというものです。狙いはマイクロツーリズムを楽しみたい人を地域に呼び込み、コロナ禍で疲弊する地域の飲食業や土産物屋を支援することです。足立成和信用金庫の本店が千住宿《せんじゅしゅく》のあった地域にあったことから、企画がスタートしました。

このプロジェクトには、日光街道・日光西街道沿いに立地する、茨城県や栃木県の信用金庫も参画しています。「あだち夢のお菓子コンテスト」を成功させた、前述の吉田さんは次のように語ります。

「プロジェクトを始めて気がついたのですが、信用金庫の支店は街道沿いに立地していることが多いのです。地域の協同組織でしたから、交通の便が良いところに置かれたのでしょう。『あだち夢のお菓子コンテスト』も『御宿場印プロジェクト』も銀行だったら、できなかったかもしれません。営利を第一目的としない協同組織である信用金庫だからこそできたプロジェクトだと思います」

かくいう吉田さんも「数年前まではお客様に貢献することはともかく、地域に貢献することは、それほど真剣に考えていなかった」そうです。そんな吉田さんの意識が変わったのは、二〇一八年に足立区に一年間出向したことでした。

信用金庫ではお金を預けてくれる人、借りてくれる人が「お客様」ですが、区役所ではすべての地域住民が「お客様」です。信用金庫のお客様の先には地域の人々がいて、地域企業が成長するには信用金庫が地域を応援することが重要と考えるようになったのです。そして地域の課題を解決するNPO団体などとかかわりを深めていきました。

これは、自治体と金融機関の人事交流が、地方創生につながった好例と言えます。御宿場印プロジェクトは現在、歴史マニアを中心に人気を獲得しています。自らも歴史ファンと言う土屋理事長は「信用金庫のネットワークを活かし、御宿場印を全国で展開していきたい」と語っています。

放射能の恐怖のなか営業を続けた、ひまわり信用金庫

「日本一高い山は?」と聞かれて「富士山《ふじさん》（三七七六m）」と答えられない日本人はいないでしょう。しかし、「日本で二番目に高い山は?」だと、答えに窮《きゅう》する人が増えるかもしれません（正解は三一九三mの北岳《きただけ》）。このように、一番は人々の話題に上りやすく印象に

残りますが、二番はなかなか認知されないものです。

東北でもっとも人口が多い都市は宮城県仙台市《せんだい》（約一一〇万人）ですが、二番目はどこでしょう？　正解は福島県いわき市（約三三万人）です。

いわき市は一九六六年に一四の市町村が合併して誕生しました。福島県南部に位置し、面積は一二三二㎢。これは東京二三区がすっぽり二つ入る大きさです。日照時間が長く農業が盛んな地域ですが、企業誘致にも力を入れた結果、日産自動車、クレハ、アルプスアルパイン、日本製紙など名だたる大企業が拠点を設けています。湾岸部には福島県最大の小名浜《おなはま》港を擁し、物流面でも県内経済の中核です。

このいわき市を地盤とするのが、第四章でも触れたひまわり信用金庫です。同庫は、市内一七カ所に店舗を構えています。

ひまわり信用金庫は、東日本大震災で大きな被害を受けました。四倉《よつくら》と豊間《とよま》の二支店（いずれも福島県いわき市）は、津波により浸水《しんすい》。幸い職員は無事で、建物にも大きな損傷はなかったものの、ＡＴＭなどの機器は水を被《かぶ》って故障し、資料や伝票なども一部散逸しました。追い打ちをかけたのが、福島第一原子力発電所で発生した事故です。三月一一・

一二日、原子炉建屋《たてや》が水素爆発を起こし、地域住民の避難が始まります。当時からトップを務める台正昭理事長は「爆発事故が起こるたびにもうだめだと思った」と振り返ります。

その後、政府の避難勧告に従って多くの住民が去り、報道機関も撤退します。いわき市に店舗を設けるメガバンク、地銀もシャッターを閉めて避難していきました。しかし、ひまわり信用金庫は逃げませんでした。

震災から一夜明けた一二・一三日は土日ゆえ、正面入口のシャッターは閉めていましたが、通用口を開けて対応しました。このような時に来る人がいるのかと思いますが、少なくない人数が来店しました。避難する人も、自宅に籠《こ》もる人も、さしあたっての生活費は必要なのです。職員は放射能の恐怖と戦いつつ、来店者に対応し続けます。家財が流され、通帳・印鑑を持たない人もいましたが、ひまわり信用金庫はその場合も一人あたり一〇万円を限度にお金を渡し続けました。なかには涙を流す人もいたそうです。

震災直後の被災地は混乱し、人が消えた民家や商店から金品・商品を盗む事件も頻発しました。しかし、ひまわり信用金庫の出金対応において、お金をだまし取られることは一件も発生していません。筆者が「詐欺事件などの可能性は考えませんでしたか」とうかがうと、台理事長は「うちの職員は全部のお客様の顔を知っています。大丈夫です」と答えてくれました。普段からのフェイス・トゥ・フェイスのつきあいが、緊急時に奏功したのです。

クリーンエネルギーのモデル地区に

ひまわり信用金庫は地域の景況感を定期的に調査していますが、震災以降はマイナス成長が続きました。深刻だったのは放射能汚染の風評被害です。

福島県沖は黒潮《くろしお》と親潮《おやしお》がぶつかる豊かな漁場であり、水揚げされた魚は「常磐《じょうばん》もの」と呼ばれ、高値で取引されていました。しかし原発事故以降、放射能汚染を恐れる各地の市場から受け入れを拒否されます。放射線量を計測して問題がないことが知られると、徐々に出荷先は増えていきましたが、現在でも関西や海外では受け入れられず、値段もかつての水準とはほど遠いものです。

台理事長は「震災から一〇年経ちますが、震災復興がなった、経済が元に戻ったと感じたことは一度もありません」と苦しい胸中を明かします。

コロナ禍も復興の足を引っ張ります。前述の景況調査では、二〇一九年末にかけて景気の回復傾向が見られましたが、二〇二〇年は年初から再び数値が悪化します。特に観光業、飲食業、宿泊業が深い傷を負っています。筆者が取材した二〇二一年夏、JRいわき駅前の商業地は一等地でありながら、閉鎖店舗が目立ちました。コロナ対応の休業もありますが、台理事長によれば「一番の理由は後継者不足」です。同地域では、新卒学生の七割が東京に就職しています。震災からここまで踏ん張ってきた高齢の経営者も、コロナ不況を前に事業の継続を断念し始めています。

進まない復興、止まらない人口減少、コロナ禍という三重苦のなか、地域の活性化に何が必要か。台理事長と地域の人々が辿り着いたのが、「バッテリーバレー構想」でした。

産業界では近年、充電により繰り返し使える二次電池の需要が高まっています。家電や自動車など、その活用先は幅広いですが、国内で使われる小型二次電池の大半は中国製と韓国製です。いっぽう、車載や家庭用などの大型二次電池は日本が高いシェアを占めています。この大型二次電池に関連する企業を誘致するだけでなく、町に二次電池のインフラを整備し、分散型エネルギー社会のモデルとすることで、地域を活性化させようとしているのが「いわきバッテリーバレー構想」です。

いわき市には現在、二次電池の研究開発装置を作る東洋システムがあります。同社の庄司秀樹《しょうじひでき》社長はいわき市生まれ、もともと日立製作所のエンジニアでしたが、出身地での起業を志《こころざ》して同社を設立しました。創業時の資金繰りが厳しい時にパートナーとして支えたのが、当時支店長だった台理事長です。

庄司社長と台理事長らは「いわきバッテリーバレー構想」を具体化するため、二〇一五年に「いわきバッテリーバレー推進機構」を設立し、現在も賛同者を増やす活動を続けています。台理事長は「全国でも所得が高いのは、製造業が多い地域です。先端的な製造業を誘致することで人を増やし、町にもう一度賑《にぎ》わいを取り戻したい。信用金庫には『よい仕事おこしネットワーク』など全国連携のつながりがある。資金面だけでなく、情報面でも活動を支えられます」と熱く語ります。

歴史を遡《さかのぼ》ると、いわき市は炭鉱で栄えた町です。常磐炭田は国内屈指の採掘量を誇り、明治から昭和初期にかけて隆盛をきわめました。しかし燃料の主役が石炭から石油に移ると、炭鉱は閉山。従業員たちは新たな職を求めて、他県へ移っていきました。いっぽう、いわき市にとどまった人たちが常磐ハワイアンセンター（現スパリゾートハワイアンズ）を作って町おこしをした事例は、映画『フラガール』のモデルになりました。

炭鉱閉鎖後、近隣に原子力発電所ができ、いわき市は再びエネルギー産業により活況を呈するようになりました。しかし、それも東日本大震災によって頓挫《とんざ》しました。ですから「いわきバッテリーバレー構想」は、いわき市をエネルギーの町として復活させる原点回帰の戦略なのです。いわき市の新時代を開くため、ひまわり信用金庫は今日も活動を続けています。

水産業の復興に尽くす、気仙沼信用金庫

東日本大震災でもっとも深刻な被害を受けた信用金庫の一つが、宮城県気仙沼《けせんぬま》市に本店を置く気仙沼信用金庫です。同庫は宮城県と岩手県の太平洋沿いに一二の店舗を設けていましたが、津波の被害を免れたのは二店舗のみ。全壊七店舗、半壊一店舗、床上浸水《ゆかうえしんすい》二店舗と壊滅的な被害を受けました。二〇一〇年に気仙沼市副市長から転じた菅原務《すがわらつとむ》理事長

は、「職員や家族は無事でしたが、被災した支店を見ると途方に暮れました」と、震災直後を振り返ります。

しかし、その状況に屈することなく、震災翌日・翌々日（土日）に職員の安否確認をすませると、月曜日は被災を免れた二店舗で入出金に対応しました。ひまわり信用金庫と同様、気仙沼信用金庫の店舗にも預金通帳や印鑑を持っていない預金者が多く訪れましたが、不正な引き出しは一件もありませんでした。菅原理事長は「信用金庫は地域密着で、すべてのお客様の顔を覚えていますから、できたことだと思います」と言います。

気仙沼市の基幹産業は水産業であり、マグロ、カツオ、サンマの他、高級食材フカヒレは全国有数の水揚量を誇ります。気仙沼信用金庫の法人顧客は水産業や関連産業、それらに支えられる飲食店がほとんどでした。しかし、海岸沿いに立地する水産加工業は津波によって壊滅的な打撃を受けます。

それらに対して、気仙沼信用金庫は融資や本業支援で支えました。そのうちの一社、三陸飼料（宮城県気仙沼市）の事例を紹介しましょう。

同社は、水産加工業者などから出る残滓《ざんし》を処理して家畜用の飼料を製造していましたが、津波に工場を破壊され、社長の命も奪われました。飼料製造プラントは流されなかったものの電源系統は水没、故障しました。昔なじみの静岡県のメーカーにプラント修理を依頼したところ、受注を渋《しぶ》る回答が返ってきました。一五億円と巨額な投資額を「被災企業に払えるのか」と疑念を抱かれたのです。

この話を聞いた気仙沼信用金庫復興支援課の高橋弘則《たかはしひろのり》係長（現事務部部長）は、三陸飼料の足利喜恵子《あしかがきえこ》社長と共に静岡県に飛び、「気仙沼信用金庫が責任を持って融資をするので修理をしてほしい」と頼み込みます。その結果、受注に至り、二〇一三年一月にプラントは完全に復活し、再稼働しました。当時の状況を高橋さんにうかがいました。

「ご苦労された足利社長や社員の姿を見ていましたから、三陸飼料の再建をなんとか実現したいとの思いがありました。ただ、それだけではありません。飼料会社は魚市場や水産加工業者から出る魚のアラが原料であり、いわば魚の最終処理場です。飼料会社が動かなければ、三陸の水産業全体がストップする可能性があったからです。普段は営業エリアから出ないのが信用金庫ですが、災害という特殊な事情の時は徹底的にやらざるを得ません。お客様のためならばどこへでも行きます」

高橋さんをよく知る日本青年館の山本信也《やまもとしんや》理事は「産業を人体にたとえるとお金は血液であり、金融機関は心臓や血管です。高橋さんや気仙沼信用金庫は熱い血を全身に流す存在なのです」と語ってくれました。

メカジキ料理をメジャーに

東日本大震災で深い傷を負った気仙沼信用金庫に、東京の信用金庫が支援の手を差し伸べました。東京都墨田区を中心とした城東エリアを地盤とする東京東信用金庫です。震災後も遅々《ちち》として進まない復興の実情を知った同庫の澁谷哲一理事長（現会長）は、気仙沼信用金庫の菅原理事長に復興支援を目的とした業務提携を持ちかけました。

具体的には、気仙沼のメカジキを東京で流通させることです。メカジキは上顎《うわあご》が長く伸びた大型魚で、その外見から英語では「Sword Fish（剣の魚）」と呼ばれます。活《い》きが良ければ刺身でも食べられますが、熱しても身が固くなりにくい特性を活かしてフライやムニエルにすることが一般的です。地元では愛されている食材で、菅原理事長によれば「気仙沼ではカレーに入れて食べます。肉よりおいしい」そうです。

気仙沼港はメカジキの水揚量が日本一ですが、マグロやカツオはもとよりホヤと比べても知名度は高くありません。このメカジキの知名度を大消費地である東京で高めて、消費を拡大する「地産都消《ちさんとしょう》プロジェクト」が始まりました。

二〇一六年一一月一七日、東京東信用金庫の取引先である居酒屋でメカジキ料理の試食会を開催しました。両信用金庫の職員と取引先の他、気仙沼市や気仙沼商工会議所の職員も加わり、メカジキの味や調理法について意見交換が行なわれました。二〇一七年一一月には、東京東信用金庫本店近くの保育園の子供たちを招き、メカジキをテーマにした食育《しょくいく》イベントを開催。子供たちはメカジキコロッケに「おいしい！」と笑みを浮かべました。

二〇一九年になると、プロジェクトは実行段階に入ります。そのスキームは——まず飲食店にメカジキ一kgを無償提供し、飲食店はメカジキを使ったメニューを開発する。次に五kgを無償提供して二週間のテスト販売を実施し、お客様の反応が良ければメニューに加え、その後は有償でメカジキを提供する——というものです。メカジキカレー、メカジキステーキ、メカジキのカルパッチョ、メカジキラーメンなどの料理が開発されました。

二〇二一年、コロナ禍によってプロジェクトは一時停止を余儀なくされます。しかし、両信用金庫はあきらめません。東京東信用金庫は二〇二一年二月、墨田区商店街連合会と協力してキッチンカーでメカジキ弁当を販売します。墨田区役所や東京東信用金庫の駐車場で合計三二〇食を完売しました。

とはいえ、厳しい状況は変わりません。気仙沼市の人口は約七万四〇〇〇人（二〇一一年二月）から約六万人（二〇二一年一二月）に減り、震災前に年間一〇万トンを超えていた魚市場の水揚量も二〇二〇年には約七万トンにまで落ち込みました。菅原理事長は、「コロナ禍で東京の飲食店が営業自粛したことで、気仙沼の水産物も行き場をなくしてしまった」と語ります。

東日本大震災で被災した事業者は「震災前のローン」と「復旧のローン」を抱える二重ローンの状態にあります。さらにコロナ禍による「資金繰りのためのローン」を加えた三重のローンを抱える事業者も出始めています。このローンを返済するには、新たなビジネスを立ち上げ、軌道に乗せるほかありません。「地産都消プロジェクト」は現在も進行中です。

キッチンカーを飲食店に寄贈した、東京東信用金庫

「地産都消プロジェクト」に取り組む東京東信用金庫は墨田区を中心とした東京都東部、千葉県西部、埼玉県南東部に店舗を配置し、本店は東向島《ひがしむこうじま》、本部は両国《りょうごく》にあります。

一六〇〇人以上の経営者が参加する交流組織「オーロラ」の他、複数の会員組織を持ち、強固な経営基盤を有しています。また、「地産都消プロジェクト」に代表される地方との連携、地域産業をＰＲする「ビジネスフェア」、芝浦工業大学や中央大学などとの産学連携、顧客の相談にワンストップで対応する「ハロープラザ」の設置など、先進的な取り組みが多いことでも知られています。

城南信用金庫の川本理事長も「当金庫が原点回帰を目指して改革を進めた際、参考にさせていただいたのが東京東信用金庫さん」と、その実力に太鼓判を押します。

東京東信用金庫は二〇二一年、コロナ禍に苦しむ地域の飲食店を支援するため、キッチンカーをプレゼントします。当時は行政による営業自粛要請があり、飲食店の経営は苦難をきわめていました。倒産や廃業が現実味を帯び、町全体の雰囲気も悪化するなか、飲食

店は苦肉の策としてテイクアウトに取り組みます。しかし、人通りの多い路面店は売り上げを補塡《ほてん》できましたが、路地裏など立地が悪い店はなかなか売り上げが伸びません。

テイクアウトには車中で調理できるキッチンカーが最適ですが、高価な（車体料金に加え外装デザインを施《ほどこ》すと三〇〇万〜四〇〇万円）キッチンカーを所有する飲食店はほとんどありません。また、テイクアウト市場の拡大でキッチンカーの需要が急伸し、欲しくても手に入らない状況でもありました。そこに手を差し伸べたのが、東京東信用金庫です。中田清史理事長は、「商店街の支援に何が必要かを考えていた時に墨田区商店街連合会さんから相談を受け、キッチンカーの寄贈を決めました」と語ります。

東京東信用金庫の顧客は飲食店だけではありません。「顧客への不公平などを理由に、反対意見は出ませんでしたか」そう質問した筆者に対し、中田理事長は「われわれは地域金融機関です。地域のためになることなら、反対意見は出ません」と笑顔で答えました。

緊急事態宣言の発出中の二〇二一年五月六日、キッチンカー「すみキチ号」の贈呈式がひっそりと開催されました。中田理事長から「すみキチ号」の鍵を渡された墨田区商店街連合会の山田《やまだ》昇《のぼる》代表は、「飲食店にとって足元の状況は暗い。いただいた『すみキチ号』

飲食店への支援

地域の飲食店を支援するため、東京東信用金庫はキッチンカー「すみキチ号」を寄贈した

を活用し、めげないようにがんばっていきたい」と挨拶。「『ひがしん』さんは資金面で協力してくれるだけでなく、お弁当の販売会があれば売り子もやってくれる。本当にありがたい」と、感謝の意を表明しました。

約二週間後の五月二一日、すみキチ号は東京東信用金庫本部の駐車場で開催された弁当販売会に出動し、料亭きよし（東京都墨田区）と石窯パン工房KAMEYA（同）の協力で生まれた「厚焼きたまごサンド」を販売。東京東信用金庫の職員も販売を手伝い、用意した三〇〇食はあっというまに完売しました。

筆者が「低金利など信用金庫を取り巻く経営環境は厳しいものがあります。そのなかで何を成長エンジンにしますか」と問うと、中田理事長は「一つ一つ、お客様の課題を解決していくことだと思います。お客様のもとに細かく足を運び、一緒に課題を解決する仕事は非効率に見えるかもしれませんが、そこにこそ信用金庫の生きる道はある。われわれの仕事はまだまだ伸《の》び代《しろ》があります」と力強く答えてくれました。

支店に占い師を置いた、枚方信用金庫

信用金庫が生き残るには、あえて非効率を貫くしかない——。東京東信用金庫の中田理事長と同様の理念を持つ経営者が、関西にもいます。大阪府枚方《ひらかた》市、寝屋川《ねやがわ》市など北河内《きたかわち》エリアを地盤とする枚方信用金庫の吉野敬昌《よしののりまさ》理事長です。

枚方市、寝屋川市は大阪や京都の中心部に通勤する市民のベッドタウンです。マンションが多い大阪市に比べて戸建て住宅が多く、閑静な雰囲気が漂《ただよ》います。遊園地のひらかたパーク、通称「ひらパー」もあります。

住宅地として魅力的な北河内エリアですが、信用金庫の営業エリアとして考えると、必

ずしもメリットが多いとは言えません。たとえば門真《かどま》市、守口《もりぐち》市は大手家電メーカーが集積していたこともあり、かつては下請けの中小企業が多く存在していました。しかし、工場の海外移転が進んだことにより、下請け企業は激減。工場の跡地はマンションに変わり、昼間人口が減ったことで飲食店も減少しました。これを反映して、枚方信用金庫の法人取引先は現在、その多くが不動産業となっています。

枚方信用金庫は長年、健全経営を続けていましたが、リーマン・ショック後、近隣の金融機関との金利競争に巻き込まれ、体力を著しく消耗しました。さらに、関西圏の地価はバブル崩壊後の一九九一年をピークに二〇〇〇年代半ばまで下落を続けており、貸出金利を下げざるを得ない状況のなか、メインの顧客である不動産業の経営も悪化します。そして大口の融資先の破綻が重なったこともあり、枚方信用金庫は二〇一二年度、創業以来初となる二〇億円の赤字となります。長年積み上げた資本が厚かったため、倒産には至りませんでしたが、地域に劇的な変化が見込めないなか、経営の刷新が求められます。

その窮地を救うため、二〇一三年に理事長に就任したのが、吉野さんです。吉野理事長は、若い頃からアイデアマンとして知られていました。その一端を垣間《かいま》見るエピソードを紹介しましょう。

一九九〇年、枚方信用金庫が岡本町《おかほんまち》支店（大阪府枚方市）の開設にあたり、実験的に土日も営業することになりました。支店が入る商業施設が、土日も家族連れで賑わっていたからです。初代支店長に就任した若き日の吉野理事長は本店の指示通り、土日も支店を開け、お客様の相談に乗ろうと意気込んでいました。

ところが、いざ土日にお店を開けても、お客様はまったく来ません。考えてみればあたりまえです。人出が多いといっても、みな買い物に来ているので、信用金庫の支店には足を運びません。開店していることすら知られていなかったかもしれません。

それでも本店は、休日開店の成果を上げるよう求めてきます。悩んだ吉野支店長が思いついたのが、支店に占い師を置くことでした。占い師は家族や友人に言えない悩みを受け止め、親身なアドバイスをします。この占い師を支店に配置して、無料の占いサービスを提供すれば、お客様に来てもらえるのではないか。吉野支店長はそう考えたのです。実際、占い師のコーナーを持つ百貨店やショッピングセンターもあります。

早速、占い師を雇う費用を本店に申請したところ、あえなく却下。しかし、吉野支店長はあきらめません。なんと自腹で占い師を雇うのです。本店の意向を無視する形とはなりましたが、吉野支店長の読みは当たり、土日にお客様が列をなして訪れるようになりました。しかし、やがて本店に知られることになります。

本店から呼び出しを受け、「クビも覚悟した」吉野支店長を出迎えたのは、当時の理事長をはじめとする幹部たちの笑顔でした。占いサービスが枚方信用金庫の正式な事業として認められたのです。

岡本町支店は二〇一三年に窓口営業を終了しましたが、占いサービスは現在、家具町《かぐまち》支店（大阪府枚方市）でウェブ相談サービスとして引き継がれています。同サービスは弁護士、税理士、中小企業診断士などと顧客をインターネットでつなぐものですが、そのなかに占い師も含まれています。吉野理事長は「手相占い、タロット占い、姓名判断などあらゆる占い師を揃えています」と胸を張ります。

金融商品の品揃えを誇る信用金庫は多いでしょうが、占いのジャンルを誇る信用金庫は同庫だけでしょう。

感染拡大を食い止めた実験

吉野理事長のアイデアマンぶりは、コロナ禍においても発揮されています。

二〇二〇年四月、最初の緊急事態宣言が発出されると、メガバンクや地銀は営業活動を自粛します。しかし枚方信用金庫は緊急融資の情報をダイレクトメールで取引先以外も含め、地域の企業一万六〇〇〇社に発送しました。他社に先んじて支援策を提案したことで、地域企業の信頼を獲得しました。その後、「実質無利子・無担保融資（ゼロゼロ融資）」が始まると新規顧客が大幅に増え、貸出先数は前年度比四四％増と驚異的な伸びを見せたのです。

二〇二〇年夏、政府による需要喚起策「ＧｏＴｏキャンペーン」が始まり、観光・飲食業界では盛り上がります。しかし吉野理事長は冷静に「飲食店が新型コロナの感染源になっているのでは」と推測し、「感染拡大を抑えるには、飲食店に徹底した感染対策をしてもらわなければならない。感染者数が減って地域住民が安心すれば、外食が増え、飲食店のためになる」と見ていました。

そして、枚方市と連携し、九月一日から市内の飲食店で感染防止キャンペーンを始めます。そのスキームは次のようなものでした。

まず枚方信用金庫の職員が飲食店を訪問し、定期的な消毒や換気、アクリル板設置などの感染防止対策を講じているかを確認します。そして対策をしている店舗には「新型コロナ対策安心宣言ステッカー」をプレゼント。飲食店はステッカーを入口付近に貼って安全をアピールします。これで終わりではありません。同庫職員が定期訪問して状況の変化を確認して対策を怠《おこた》っていると判断した場合、ステッカーを取り上げることもあります。

いっぽう、枚方市は飲食店等を支援するため、ステッカーが貼ってある店で使える三〇〇〇円分のクーポンを市民に配布しました。感染拡大を防ぎながら地域経済を回し、飲食店を支援するのが狙いです。

これは一つの実験でもありました。枚方信用金庫の主要営業エリアである大阪府の七市（枚方市、寝屋川市、守口市、門真市、四條畷《しじょうなわて》市、大東《だいとう》市、交野《かたの》市）のうち、キャンペーンはあえて枚方市だけで実施しました。キャンペーン中の感染拡大データを他市と比較することで、効果を「見える化」するためです。

二〇二〇年四月には七市と大阪市では人口あたり感染率は〇・一％以下でした。しかし

ＧｏＴｏキャンペーンが始まった七月には、大阪市と大東市の感染率が上昇。秋には各市とも感染者が増えていきますが、枚方市は下から二番目でした。その後も半年間にわたって同位をキープ。三〇〇〇円分のクーポンという消費喚起策を行なっても、感染防止対策を施すことで感染率の上昇を抑えることができたのです。吉野理事長はこの成果に手応えを感じ、飲食店の感染防止対策支援を加速していきます。

二〇二〇年一一月から枚方信用金庫が取り組んでいるのが、感染対策を行なっている飲食店の動画作成です。店舗の内部を撮影した動画をインターネットで公開し、店の雰囲気と感染防止対策を伝えることで、お客様に安心して来店してもらおうというわけです。

これら感染防止対策支援にはステッカー作成費、動画撮影費など、多額の費用がかかっています。その原資は、コロナ禍で中止となった枚方信用金庫七〇周年記念イベントの費用です。吉野理事長は「お金を貸すだけでなく、地域の核となって困り事を解決するのが信用金庫です。一〇〇年に一度のパンデミックの時に地域を支えられることを考えたら、われわれの周年イベントの重要度は低い」と言い切ります。

現在は「二〇二五年日本国際博覧会（大阪・関西万博）」に向け、京都市から枚方市を経由して会場の夢洲《ゆめしま》までをつなぐ直行船の運航実現に力を注いでいます。吉野理事長は「せっかく万博に来た外国人に、北河内へ寄ってもらわないと」と笑顔で語ります。

枚方信用金庫と吉野理事長は常に新しいことに挑みつつ、非効率を貫いているのです。

スモールM&Aで雇用を守る、銚子信用金庫

民間のシンクタンクである日本創成会議は二〇一四年、人口減少により二〇四〇年までに全国八九六の自治体が消滅する可能性があると発表しました。座長である増田寛也《ますだひろや》東京大学公共政策大学院客員教授の名を冠した「増田レポート」は政府を動かし、安倍晋三《あべしんぞう》首相（当時）は「まち・ひと・しごと創成本部」を内閣府内に設置。地方創生への取り組みを強化しました。

しかし、その後七年以上経っても、地方の過疎化は改善されていません。コロナ禍で移動が制限されても、地方から上京する若者は後を絶たず、地方の人口減少に拍車をかけています。これは東北や九州など東京から離れた地域だけではありません。東京の隣、千葉県でも同様のことが起こっています。

首都圏であり、都心に通勤・通学するベッドタウンである千葉県。そのなかで、太平洋側のエリアは全国一位の水揚げを誇る銚子漁港、多くの観光客が訪れる九十九里浜《くじゅうくりはま》など知名度は高いのですが、前述の「増田レポート」では同地域の二五自治体を消滅可能性都市に挙げています。

その二五自治体のうち、一七自治体を営業エリアとしているのが、銚子信用金庫です。本店を置く銚子市が財政破綻の危機に瀕《ひん》していることからも、銚子信用金庫の置かれている経営環境の厳しさがわかります。

二〇二一年五月三一日、松岡明夫《まつおかあきお》理事長（現相談役）と地域サポート部の髙木益伸《たかぎますのぶ》部長にオンライン取材をしました。松岡理事長は、地域の経済状況と銚子信用金庫の経営について「信用金庫の盛衰は、営業エリアの盛衰とリンクします。われわれは預金を集めて融資するだけでなく、本業を支援して地域を活性化しなければなりません。信用金庫と地域は運命共同体なのです」と語ります。

新型コロナウイルスの感染拡大が始まった二〇二〇年二月、銚子信用金庫の職員たちは、補助金や支援制度などのパンフレットを携え、取引先・非取引先にかかわらず、地域の企業を回りました。それまで取引がなかった企業も歓迎し、ゼロゼロ融資が始まると、融資を受けてくれるようになったそうです。

しかし、どれほど新規開拓をして取引先を増やしても、地域の過疎化も、企業の減少も止まりません。特に飲食店はある日突然、閉店するようなこともあります。それらの廃業は融資先の減少を意味し、信用金庫の経営に直接響《ひび》きます。

この問題に対して、松岡理事長が行なったのは、銚子信用金庫が地域内で事業の承継先を探し、事業者のM&A（合併・買収）を仲介することです。不足する専門的な知見を補うため、千葉県の公認会計士協会、弁護士協会、中小企業診断士協会と連携しています。

日本のM&A市場は、大企業はメガバンクや証券会社が、中小企業は日本M&Aセンターやストライクなど M&A仲介業者が行なっており、棲み分けがなされています。中小企業といっても、最低でも株式を含めた資産評価額が数千万円レベルであり、家族経営の飲食店や町工場を仲介する業者はほとんどありませんでした。銚子信用金庫が取り組むのは、このスモールM&A仲介です。

銚子信用金庫のM&A仲介は、手数料の安さも魅力です。その額は取引額の一%、最低五万円（外税、以下同）から。M&A仲介業者の手数料は通常、合計一〇％が相場です。たとえば資産評価額が一億円の企業なら、一〇〇〇万円ずつを売り手・買い手の両方から得る計算になります。松岡理事長は「さすがに安すぎたと思って最近価格を改定して三％、最低一〇万円からにさせてもらいました」と語りますが、それでも破格の安さです。利益度外視の価格設定は、協同組織ゆえと言えるでしょう。

ちなみに、もっとも低額なケースは自動車整備会社の事業売却で、売却金額一五〇万円、手数料は五万円だったそうです。手数料以外にも、弁護士や公認会計士に支払う契約書作成費や資産査定費もあり、髙木部長によれば「全体では一〇〇万円ほどの費用がかかった」そうです。それでも、この価格帯のM&A仲介を親身に取り組む業者はいないでしょう。

地域内の企業同士のM&Aは、地域の雇用を維持できる利点があります。遠隔地の企業に売却すると、のちに地元の事務所が閉鎖され、従業員が解雇されるケースが少なくありません。しかし地域内の企業同士なら、売り手も買い手もおたがいの顔がわかっているので事業継承がスムーズで、従業員の雇用も守られやすくなります。

「正直、当金庫にとってM&A仲介はけっして儲かる仕事ではありません。ですが、地域の賑わいと雇用を維持するため、踏ん張っていこうと考えています」と髙木部長は語ります。銚子信用金庫のスモールM&A仲介は、他の信用金庫にも参考になりそうです。

中国に京都ブランドを売り込む、京都中央信用金庫

本章の最後に紹介するのは、京都府を地盤に滋賀県、奈良県、大阪府に店舗を構える京都中央信用金庫です。

延暦《えんりやく》一三（七九四）年の桓武《かんむ》天皇による平安京《へいあんきょう》遷都以来、一〇〇〇年以上にわたり首都だった京都には、多くの伝統産業が活動しています。加えて、日本電産、村田製作所、ロームなど多数のベンチャー企業を生み育て、現在でも多くの中小製造業が存在しています。コロナ禍前までは海外観光客（インバウンド）の増加で、ホテルなど観光産業も隆盛をきわめていました。

また、京都は金融機関が多数立地し、メガバンク、地銀、信用金庫が鎬《しのぎ》を削《けず》る金融激戦区でもあります。このような地域で鍛えられた京都中央信用金庫は現在、総資産六兆二

九三〇億円・預金総額五兆六二三三億円（二〇二一年三月期）といずれも信用金庫として国内一位です。白波瀬誠《しらはせまこと》理事長は全信協の副会長も務めるなど、全国の信用金庫をリードする存在です。

京都中央信用金庫が京都の名産品を「WeChat（ウィーチャット）」で中国に売り込む事業を始めたと聞き、取材のため本店を訪問しました。「ウィーチャット」は「中国のLINE」とも言われるメッセージアプリです。国際営業課の山下洋平《やましたようへい》課長は次のように話してくれました。

「中国への国を超えたEC（＝electronic commerce［電子商取引］）は四年前からチャレンジをしていました。でもなかなか成功には至らなかったのです」

山下課長は二〇一二年、海外研修として信金中央金庫香港《ホンコン》駐在員事務所に三カ月間、派遣されました。当時はアベノミクスが始まる前で急激に円高が進み、日本の大手製造企業が海外に生産をシフトさせていた時期です。そのようななか、山下課長が香港で目にしたのは、中国の著しい経済成長です。中国は生産地ではなく、市場になる。日本のすぐ近くに世界最大のマーケットが誕生する――。その胎動を感じ取った山下課長は帰国すると、越境ECについて調査を開始します。

最初の取り組みは二〇一七年、中国二位のECモール京東《ジンドン》に取引先の商品を出品しました。しかし「残念ながらまったく売れず、出品審査も厳しかった」そうです。「アマゾンのマーケットプレイス業者を想像してみてください。膨大な商品と業者のなかに、京都の知られざる名産品が交《ま》ざっていたとしても、実績や知名度がなければ購買につながりません」

その後、公的機関と連携した展開も試行しますが、やはり知名度不足であり、芳《かんば》しい成果は上げられませんでした。山下課長は、ECの成功にはプロモーションが重要であることを痛感します。三度目の挑戦を考えていた矢先、新型コロナウイルスの感染が拡大します。京都から観光客が一気に消え、飲食店や土産店の売り上げは大幅に減少しました。

実は、日本と中国で若年層の行動様式は似通っています。彼・彼女らは余剰時間の大半を新聞、雑誌、テレビなどオールドメディアよりも、スマホの視聴に充《あ》てています。特にSNSに費《つい》やす時間が多く、日本でユーチューバーやVチューバーが芸能人並みの人気を獲得しているように、中国でもインフルエンサーは大きな影響力を持っています。

三度目の挑戦は、ウィーチャットの「ミニプログラム」でインフルエンサーを積極的に活用しました。二〇二一年六月、中国の動画投稿サイト「bilibili（ビリビリ）」で、人気のインフルエンサーが京都のお土産として人気のフェイスマスク、練《ね》り香水、ふりかけなどを紹介したところ（ライブ配信）、ウィーチャットの購入ページから次々と売れていきました。

山下課長は「プロモーションと販売を一体でできる『ミニプログラム』だからこそ、効果的な販促ができました。京都好きな中国の方も、今は日本に来られません。ですから、日本の商品をお取り寄せしてもらうことで、旅行気分を味わってほしい。日本ファンの中国人に深く刺さるのは『ミニプログラム』であると実感しました」と語ります。

「ミニプログラム」のもう一つの利点はコストパフォーマンスが良いことです。同事業では京都中央信用金庫がハブ役となり、取引先一社あたり最大四〇商品を「ミニプログラム」上に展示します。「ミニプログラム」の運営費とプロモーション費は京都中央信用金庫が負担するので、各社は商品ページの作成費用（一商品あたり二〇〇〇円）のみで参加できるのです。この手軽さが受けたのでしょう。二〇二一年四月二〇日に事業説明会と商品相談会を実施したところ、わずか一カ月で商品の販売が始まりました。

山下課長は「新型コロナでお客様の売り上げは二～三割減少しました。越境ECはアフターコロナにおいても有効な武器となります。第二・第三のプロモーションを放ち、事業規模を拡大していきたい」と意気込んでいます。

業界をリードする存在

京都中央信用金庫は1940年6月創立。総資産6兆2930億円(全国1位)、従業員2531人(いずれも2021年3月時点)。写真は白波瀬誠理事長

DXへの取り組み

信用金庫は地域に根を張り、お客様の顔が見えるつきあいを大事にしています。そのため、銀行のように支店を統廃合することなく、お客様との窓口である支店はできる限り維持し、インターネットバンキング

の活用も限定的です。

そのなかで、京都中央信用金庫はＤＸ（デジタルトランスフォーメーション）に先駆的に取り組む信用金庫として知られています。二〇二一年八月には、戦略企画部に「デジタル企画グループ」を新設し、事務の効率化を加速させています。また、滋賀大学データサイエンス学部など外部とも協力し、データ分析をもとにした投資信託の販売も試行するなど、信用金庫業界の最先端を走っています。

白波瀬誠理事長は「ＤＸはスタートしたばかり、まだまだこれから」と前置きしつつも、「コロナ禍で業績が悪化したお客様は、融資だけでなく本業の支援を求めている。効率良い支援を行なうために、支店による対面を基本としつつ、デジタルも積極的に活用していきたい」と意気込んでいます。

最新技術を取り入れながらも、基本は守る。そのような経営姿勢にこそ信用金庫の未来はあるのかもしれません。最終章となる次章では、信用金庫を含め金融機関の生き残る道を探ります。

第六章

金融機関が生き残るには

フィデューシャリー・デューティー

二〇一七年、金融庁は金融機関に「フィデューシャリー・デューティー（受託者責任）」の徹底を求めました。「フィデューシャリー・デューティー」とは金融機関が投資家に対して負う責任を意味します。要は金融機関本位ではなく、顧客本位で業務を遂行しなさいと言っているわけです。金融機関と一般投資家では有する情報に大きな差があり、その非対称性ゆえ、顧客の意向が軽視されているのではないかと金融庁は懸念したのです。

しかし、情報の非対称性があるのは金融業界に限った話ではありません。マイホームを買う人が不動産業者より情報を持っていることはないでしょうし、マイカーの購入者が自動車の原価を知ることはありません。あらゆるビジネスに情報の非対称性は存在します。それでも、政府が自動車メーカーに「顧客本位のビジネスをしなさい」と言うことはありません。顧客を軽視した商売をすれば、いずれ市場に淘汰されるからです。

金融庁が顧客本位の業務運営を求めたのは金融機関が免許制ということもありますが、顧客本位の業務を行なっている金融機関が少数派であることを示しています。実際、「金融機関の話を信じて買った投資信託が暴落した」「金融機関の言うまま、不必要な保険に入った」という話をよく聞きます。対して、本書で紹介した信用金庫は協同組織としての相互扶助の精神にもとづき、融資だけではなく地道な本業支援を行なうことで、地域および顧客の信頼を得ています。

信用金庫より規模と知名度で上回る地銀は現在、一部の大手を除き、経営が不安定化しています。経営改善の一案として近年取り沙汰されているのが、「地銀の非上場化」です。

第一地銀、第二地銀合わせて九九行のうち、七六行・グループが証券取引所に株式を上場しています（二〇二一年一〇月末時点）。上場により、四半期ごとの決算発表に始まる情報開示に伴う費用や作業が負担となるだけでなく、株主からの増配のプレッシャーが重荷となります。上場をやめれば人的・金銭的負担が軽くなり、業績が上向くのではとの期待からです。

しかし地銀が上場をやめても、経営状況は大きく変わらないと筆者は考えています。地銀の経営が悪化しているのは、硬直化した金融政策や地方経済の衰退もありますが、その最大の原因は自分たちの仕事内容を変えようとしなかったことにあります。「利ざや」という安定的な収益源を持ちつつ、銀行の信頼度を武器に金融商品の乱売で稼いできた一部の銀行は、企業の伴走者としての役割やバンカーたる矜持《きょうじ》を失っているように感じるのです。その極端な事例が、乱脈融資を行なったスルガ銀行です。

ただ、上場している金融機関でもきちんとした信条を持ち、顧客本位の経営で成長している例は少なくありません。その代表例と言えるのが、中堅証券の雄・いちよし証券（本店・東京都中央区）です。

いちよし証券の改革

証券会社は、金融機関のなかでも特異な存在です。銀行の収益源はその多くが金利ですが、証券会社は株や投資信託の売買手数料が収益源です。二つの違いは、金利が自動的に発生するのに対し、売買手数料は顧客との取引ごとに生まれ、その多寡によって変わることです。

また、顧客が必要ないのに資金を借り、銀行に金利を払い続けることはほとんどありませんが、証券会社の顧客のなかには毎日でも手数料を払うケースがあります。銀行は預金残高に応じて薄く広く利益を得ることから「ストック型」ビジネス、証券会社は手数料から得られる利益が多いために「フロー型」ビジネスと言われます。
顧客が冷静に判断して自己責任で投資をするぶんにはどれだけ手数料が嵩《かさ》もうと、証券会社には責任がありません。しかし、かつては顧客の情報不足に付け込んで煽《あお》り、頻繁に取引をさせていた証券会社があったことも事実です。売買回数が増えれば増えるほど、手数料収入が増えるからです。

業界のガリバーである野村證券からして、回転売買で成果を上げていた時代がありました。同社OBであるSBIホールディングスの北尾吉孝《きたおよしたか》社長は「証券会社に社会的な必要性があるのか。〔株価で会社の価値を測るという〕価格発見の機能以外は不必要なのではないかと疑問を持った」と筆者の取材で述べたことがあります。その疑問を捨てきれなかった北尾社長は、営業マンではなく、インターネットを使って株式取引を仲介する証券会社SBI証券を立ち上げたのです。

いちよし証券は、かつては野村證券のグループ会社であり（現在は資本関係なし）、一九九〇年代まで同業他社と変わらない、小さな地方証券会社にすぎませんでした。変化が始まったのは一九九五年、武樋政司《たけひまさし》野村證券元常務が社長（現会長）に就任してからです。

武樋会長は野村證券時代、野村流のモーレツ営業で成果を上げた営業マンでしたが、顧客を潰すような手法に疑問を感じていました。「お客様と証券会社が、共に栄えることはできないだろうか」と長年悩んでいた武樋会長にヒントを与えたのは、アメリカのセントルイスに本社を置く証券会社エドワード・ジョーンズでした。

同社の支店を訪ねた武樋会長は、営業マンがいないことに違和感を覚えます。いるのは、株価ボードを眺めている白髪の老人だけ。武樋会長が「年配のお客様がいらっしゃいますね」と同行者に尋ねると、「いいえ、あの老人はわれわれのアドバイザーです」との答えが返ってきました。武樋会長は驚きました。日本では当時、証券会社の営業マンには圧倒的に若い男性が多かったからです。

エドワード・ジョーンズは、顧客に長期的な資産形成を勧めることを方針としています。アドバイザーに求められる資質は、金融商品を次から次へと売り込む押しの強さではなく、顧客から信頼され、資産運用というデリケートな相談を受けられる人間的な魅力です。そのため、元校長や古くからの地主など、地域に深い人脈を持つ地元の名士をアドバイザーとして採用していました。彼らなら、顧客に無理な売買はさせないからです。

同社の説明を聞いて、武樋会長は頬《ほお》が紅潮し、心躍るのを感じました。日本でもエドワード・ジョーンズのような証券会社を作りたい。この思いを、いちよし証券で具体化していきます。

顧客のために

「顧客第一主義」を貫く、いちよし証券の武樋政司会長

（いちよし証券提供）

武樋会長が最初に取り組んだのは、支店の改革です。当時の店頭には株価ボードと呼ばれる株価表示板があり、日経平均株価など主要指標や各企業の株価を掲示していました。武樋会長はこれを全支店から撤去します。株価ボードを愛好しているのは、短期売買を好む相場師的な顧客であり、彼らが集まっていると、退職金を元手に資産を長期運用するような一般の顧客は来店しにくくなります。武樋会長は次のように振り返ります。

「株価ボードの撤去は短期売買のお客様を切り

捨てる動きにも受け取られかねず、社内外から多くの反対がありましたが、押し切りました」

また接客カウンターを、顧客がゆっくり相談できるよう、席間に間仕切《まじき》りを設けたブース式に変更しました。外回り社員の名称も「営業マン」から「アドバイザー」に変えます。金融商品を「売る」のではなく、資産形成の「アドバイス」をする役目を明確化し、人事評価も手数料ではなく、預かり資産（株式や投資信託など金融商品の残高）を軸としました。回転売買を評価しない姿勢を明確に打ち出したのです。これら一連の改革は、いちよし証券の社内では「改革の断行」と呼ばれています。

なお、株価ボードの撤去やブース式の相談窓口などは多くの証券会社に取り入れられ、今や業界のスタンダードとなっています。

売れる商品でも売らない

顧客本位の業務運営を目指し、改革に踏み切ったいちよし証券。その後、利益が拡大して成長軌道に乗った――となれば美しい話ですが、現実は甘くはありませんでした。

改革はなかなか実を結ばず、二〇〇〇年前後の数年間は上場証券会社で唯一、赤字決算が続くのです。「赤字でも改革を貫く覚悟でした。たとえ解任される結果になったとしてもね」と武樋会長は語りますが、何期も赤字が続くと、この取り組みが正しいのかどうか、社員の気持ちは揺らいでいきました。

そこで武樋社長は、進むべき方向を改めて示すため、いちよし証券の行動指針「いちよしのクレド」を策定します。「クレド」とはラテン語で志、約束、信条を意味する言葉であり、アメリカのヘルスケア企業ジョンソン・エンド・ジョンソン（J&J）の経営指針である「Our Credo（私たちの信条）」でも知られています。J&Jのクレドは、顧客、社員、社会、株主のために「しなければならない（Must）」ことを掲げています。それは日本企業の経営理念のように抽象的なものではなく、きわめて具体的で、クレドに反した行動を取ったと見なされれば、人事評価で悪評価がつくこともある厳しいものです。

いちよし証券のクレドもJ&J同様、顧客、社員、社会、株主のために、「なすべきこと」を掲げています。しかし、このクレドもなかなか浸透しませんでした。当時、アドバイザー課長として最前線に立っていた玉田《たまだ》弘文《ひろふみ》社長は「言っていることは正しいが、どこまで本気なのか、収益目標を担っている現場としては、半信半疑な気持ちもありました」と振り返ります。

経営者が繰り返し繰り返しクレドを説明しているうちに、やがて、社員に会社の本気が伝わっていきました。たとえば、いちよし証券は二〇〇〇年頃、外貨建ての仕組債《しくみさい》を発売直前に取りやめています。仕組債とは、金融派生商品を組み込んだ債券のことです。仕組債の注文を受けている段階でアジア通貨危機があり、商品価格が暴落したためです。

すでに顧客から注文を受けていますから、通常の証券会社なら顧客が損をするとわかっていても契約通り、そのまま商品を引き渡すでしょう。しかし、いちよし証券は販売を停止すると、数億円の損を自社で被ったのです。「目先の利益を優先せず、顧客の利益を追求すると言っていた経営陣の言葉は本当なのだと、覚悟を感じましたね」と、玉田社長は振り返ります。この出来事を教訓として、いちよし証券はその後、仕組債の販売をいっさい行なっていません。

二〇〇九年、顧客本位の経営方針を社内外にアピールするため、「売れる商品でも、売らない信念。」というポスターを作成します。そのなかで、「公募仕組債は取り扱いません」「個別外国株は勧誘しません」「先物・オプションは勧誘しません」などと、顧客のために「やらない」ことを明示しました。

日本株や投資信託の手数料が年々ゼロに近づいていくなか、仕組債、外国株、先物・オプションなどの投資上級者向け商品は手数料が高く、証券会社にとって大きな収益源です。いちよし証券がこれらを取り扱わないのは、城南信用金庫がカードローンを取り扱わないのと同様、顧客の利益に反する安易な収益は狙わないとの信念からです。

赤字決算でも顧客第一主義を貫く

いちよし証券は現在、二〇年ぶりの改革に取り組んでいます。これまでも顧客第一主義を掲げていましたが、さらなる徹底を目指すためです。

しかし、スタートした直後にコロナ禍に見舞われます。フェイス・トゥ・フェイスによる投資アドバイスをポリシーとしながらも、感染防止のため顧客に会えない期間が続きました。日経平均株価が暴落したため、株式市場では取引が増えましたが、いちよし証券は長期資産形成を主軸としていますから、安易な売却は推奨しませんでした。

さらに、いちよし証券の収益の主軸である投資信託やラップ口座の募集は対面での十分な説明が必要なため、募集も低調となりました。その結果、いちよし証券は二〇二一年三月期の第1四半期で再び上場証券会社として唯一の赤字決算となりました。

二〇二〇年四月に社長に就任した玉田社長は、「負け惜しみに聞こえるかもしれませんが、黒字にしようと思えばできたと思います。相場が急落してお客様が狼狽《ろうばい》されているなか、新しい株や商品をお勧めすれば、買ってくださるお客様もいらっしゃったでしょう。しかし、それでは手数料がかかり、お客様の資産形成を邪魔《じゃま》してしまいます」と語ります。

第1四半期では苦境に陥ったいちよし証券ですが、夏以降は感染拡大が一段落したこともあり、アドバイザーの外交が復活します。そして二〇二一年三月期の通期では黒字に復活しています。

フィデューシャリー・デューティーについて、玉田社長にうかがいました。

「金融庁に言われるまでもなく、顧客本位の業務運営はあたりまえのことだと思います。これまで、業界がそれをできていなかったことを真摯《しんし》に反省しなければなりません。いちよし証券は目先の利益を追わず、顧客の資産形成を実現して事業成長する組織になりたい。アドバイザーとしての王道を歩み、業界に風穴を開けたいと思います」

武樋会長が顧客本位の業務運営を徹底し始めた一九九六年から、いちよし証券の預かり資産残高は激増しました。一九九五年の約四〇〇〇億円から、現在は約五倍の二兆円に達しています。玉田社長は、これを三兆円まで拡大することを目指しています。

いちよし証券の例が示すように、顧客本位の業務運営と自社利益の追求は二律背反ではありません。たとえ売れる商品でも顧客のためにならない商品は売らないという信条のもと、短期的な利益を手放しても、長期的な成長は可能です。それには、何よりも経営者の覚悟が重要であることは言うまでもありません。

地銀の信用金庫化

現在、金融界では前述の地銀の非上場化だけでなく、地銀の信用金庫化が囁《ささや》かれています。ただ、信用金庫から地銀に転換した例は、一九九一年の八千代信用金庫（本店・東京都新宿区）→八千代銀行（現きらぼし銀行）がありますが、その逆はありません。

確かに、信用金庫に改編すれば、融資範囲が制限される代わりに税負担が軽くなるメリットがあります。また、地銀はそれぞれ独自の勘定系システムを運用しているのに対し、信用金庫は信金中央金庫の子会社・しんきん情報システムセンターが開発した勘定系システムを共通使用しているので、システムコストを圧縮できます。

しかし、信用金庫業界は地銀の信用金庫化に懐疑的な視線を向けています。京都中央信用金庫の白波瀬理事長は、地銀の信用金庫化について次のように語ります。

「そういう報道があることは承知しているが、不可能でしょう。信用金庫は泥臭《どろくさ》い営業を積み重ねてお客様と密接な関係を築かせていただいている。地銀としての営業スタイルを継続している限り、形だけ信用金庫になっても、われわれのように事業を運営することはできない」

別の信用金庫のトップも「地銀が信用金庫になるのは勝手だが、システムに相乗りするのは反対だ。信用金庫業界が長い時間をかけて構築してきたものにタダ乗りされる感覚だ」と不快感を示します。

たとえ業態転換をしても、信用金庫業界に受け入れられなければ、信用金庫の武器であるネットワークを活用できません。やはり経営に奇手はなく、自らの経営資源を見つめ直し、改革を行なうしかないようです。

なぜ信用金庫は生き残るのか

信用金庫の地域密着の営業姿勢は、コロナ禍で再評価されています。

二〇一二年のアベノミクス以降は好況だったため、町工場や飲食店は借入をしなくても経営が成り立っていました。しかし、コロナ禍によって経済の先行き不透明感が増すなか、各地の信用金庫と中小企業の取引は飛躍的に増え、貸出残高の増加という形で信用金庫に利益をもたらしています。

城南信用金庫の川本恭治理事長は「よい仕事おこしフェア」が始まってからの一〇年間を振り返り、「これは壮大な実験だったのかもしれない」と述べています。城南信用金庫は二〇一〇年、自社優先の経営から顧客のための経営、信用金庫業界全体のメリットを追求する利他の経営に軸足を移しました。利益追求の姿勢を弱め、支店のノルマも軽くなりましたが、地域での基盤は揺らぐどころか強まり、取引する会社数は一貫して増加しています。

地銀と信用金庫の明暗を分けたのは、地銀が金利という収益源にこだわったのに対し、信用金庫が協同組織として顧客本位の業務運営を貫いたことにあります。それは時に短期利益を捨て、時に地域を超えた利他のふるまいが、長期利益をもたらしたのです。厳しい状況においても金融機関としての使命を忘れず、顧客のために行動することで信用と利益を獲得し、逆境を跳《は》ね返したのです。

信用金庫の神様・小原鐵五郎はかつて、金融機関本位のビジネスを提案してきた部下に対して「銀行になりさがるつもりですか。あれは金儲けが目的ですよ」と叱責しました。この言葉は今なお、金融関係者に重みを持って受け止められています。

参考文献

書籍

一般社団法人全国信用金庫協会編『信用金庫便覧2018―2020』きんざい 二〇二〇年
屋宮直達・田村重信編著『敬天愛人と仲間たち』内外出版 二〇二一年
小原鐵五郎『わが道ひと筋――城南信用金庫とともに』日本工業新聞社 一九六九年
小原鐵五郎『この道わが道――信用金庫ひと筋に生きて』東京新聞出版局 一九八七年
小宮啓二朗『営業推進のための信用金庫の「現場力」』経済法令研究会 二〇一三年
城南信用金庫加納公研究会編『加納久宜子爵 その生涯と功績――協同組合の歴史と意義〈改訂版〉』城南信用金庫 二〇一八年
高橋克英『銀行ゼロ時代』朝日新聞出版 二〇一九年
高橋浩夫『〝顧客・社員・社会〟をつなぐ「我が信条」――SDGsを先取りする「ジョンソン・エンド・ジョンソン」の経営』同文舘出版 二〇二一年
内藤加代子・陣内久美子・仲江武史編著、廣瀬真利子・丸山裕一・田代俊明・山浦美卯・高子賢・東卓・徳吉完・柿田徳宏・蔵元左近著『逐条解説 信用金庫法』金融財政事情研究会 二〇〇七年
浪川攻『地銀衰退の真実――未来に選ばれし金融機関』PHP研究所 二〇一九年

日本経済新聞社編『地銀波乱』日本経済新聞出版社 二〇一九年
橋本卓典『捨てられる銀行』講談社 二〇一六年
真壁實『断じてやってみろ！——元気が出る仕事学』日本経済新聞社 一九九六年
松沢成文『教養として知っておきたい二宮尊徳——日本的成功哲学の本質は何か』ＰＨＰ研究所 二〇一六年
山口省蔵・江上広行・坂本忠広『金融機関のしなやかな変革——ピラミッド組織の崩壊、セルフマネジメント組織の誕生』きんざい 二〇二〇年
横尾宣政『野村證券第2事業法人部』講談社 二〇一七年
吉原毅『城南信用金庫の「脱原発」宣言』クレヨンハウス 二〇一二年
吉原毅『信用金庫の力——人をつなぐ、地域を守る』岩波書店 二〇一二年

社史

いちよし証券株式会社編『いちよし証券70年史』二〇二一年
城南信用金庫史編纂委員会編『城南信用金庫史』一九五五年
城南信用金庫編『信頼と感謝で迎える50年 地域の皆様とともにさらなる発展をめざして 城南信用金庫創立50周年記念誌』一九九五年

公刊資料・論考・記事

金融庁「平成27事務年度 金融レポート」二〇一六年
国立社会保障・人口問題研究所「日本の地域別将来推計人口（平成30（2018）年推計）」二〇一八年
東京商工リサーチ「2021年 企業のメインバンク」二〇二一年
日本銀行「金融システムリポート（2019年4月号）」二〇一九年
日本創成会議・人口減少問題検討分科会「成長を続ける21世紀のために『ストップ少子化・地方元気戦略』」二〇一四年
マイナビ、日本経済新聞社「2022年卒版就職企業人気ランキング」二〇二一年
「〔史談〕特色あるブランド・ブティックハウスを目指して——武樋政司氏証券史談(上)(下)」（「証券レビュー」第56巻第6・7号）日本証券経済研究所 二〇一六年
「最新！信金ランキング全259」（「週刊エコノミスト」二〇一九年九月一七日号）毎日新聞出版
「本当に頼れる信用金庫」（「週刊エコノミスト」二〇二〇年一一月一七日号）毎日新聞出版
「金融機関ランキング」（「日経ヴェリタス」二〇二一年三月七日）日本経済新聞社

ウェブサイト

全国銀行協会ホームページ　https://www.zenginkyo.or.jp
全国信用金庫協会ホームページ　https://www.shinkin.org
日本金融通信社「ニッキンONLINE」　https://www.nikkinonline.com
日本銀行ホームページ　https://www.boj.or.jp
日刊工業新聞電子版　https://www.nikkan.co.jp
日本経済新聞電子版　https://www.nikkei.com

切りとり線

★読者のみなさまにお願い

この本をお読みになって、どんな感想をお持ちでしょうか。祥伝社のホームページから書評をお送りいただけたら、ありがたく存じます。今後の企画の参考にさせていただきます。また、次ページの原稿用紙を切り取り、左記まで郵送していただいても結構です。

お寄せいただいた書評は、ご了解のうえ新聞・雑誌などを通じて紹介させていただくこともあります。採用の場合は、特製図書カードを差しあげます。

なお、ご記入いただいたお名前、ご住所、ご連絡先等は、書評紹介の事前了解、謝礼のお届け以外の目的で利用することはありません。また、それらの情報を6カ月を越えて保管することもありません。

〒101-8701（お手紙は郵便番号だけで届きます）
祥伝社　新書編集部
電話03（3265）2310
祥伝社ブックレビュー　www.shodensha.co.jp/bookreview

★本書の購買動機（媒体名、あるいは○をつけてください）

＿＿＿＿新聞の広告を見て	＿＿＿＿誌の広告を見て	＿＿＿＿の書評を見て	＿＿＿＿の Web を見て	書店で見かけて	知人のすすめで

★100字書評……なぜ信用金庫は生き残るのか

名前

住所

年齢

職業

鳥羽田継之　とっぱだ・つぎゆき

新聞記者。1979年、千葉県生まれ。2003年、中央大学文学部史学科卒業。印刷会社、建設業界紙などを経て2007年、日刊工業新聞社に入社。南大阪支局、大阪支社、第一産業部、経済部、東京支社横浜総局長を経て現在、同南東京支局長。金融業界と中小企業を取材領域としている。

なぜ信用金庫《しんようきんこ》は生《い》き残《のこ》るのか

鳥羽田継之《とっぱだつぎゆき》

2022年 2 月10日　初版第 1 刷発行

発行者……………………辻 浩明
発行所……………………祥伝社《しょうでんしゃ》
〒101-8701　東京都千代田区神田神保町3-3
電話　03(3265)2081(販売部)
電話　03(3265)2310(編集部)
電話　03(3265)3622(業務部)
ホームページ　www.shodensha.co.jp
装丁者……………………盛川和洋
印刷所……………………萩原印刷
製本所……………………ナショナル製本

Printed in Japan　ISBN978-4-396-11650-7　C0233

〈祥伝社新書〉
経済を知る

478
新富裕層の研究
日本経済を変える新たな仕組み
新富裕層はどのようにして生まれ、富《とみ》のルールはどう変わったのか
経済評論家
加谷珪一

394
ロボット革命
なぜグーグルとアマゾンが投資するのか
人間の仕事はロボットに奪われるのか。現場から見える未来の姿
大阪工業大学教授
本田幸夫

503
仮想通貨で銀行が消える日
送金手数料が不要になる？　通貨政策が効《き》かない？　社会の仕組みが激変する！
信州大学教授
真壁昭夫

625
カルトブランディング
顧客を熱狂させる技法
グローバル企業が取り入れる新しいブランディング手法を徹底解説
マーケティングコンサルタント
田中森士

636
世界を変える5つのテクノロジー
SDGs、ESGの最前線
2030年を生き抜く企業のサステナブル戦略を徹底解説
京都大学大学院特任准教授
山本康正

〈祥伝社新書〉

歴史に学ぶ

〈祥伝社新書〉
令和・日本を読み解く

570
資本主義と民主主義の終焉
平成の政治と経済を読み解く
歴史的に未知の領域に入ろうとしている現在の日本。両名の主張に刮目せよ
法政大学教授 水野和夫
法政大学教授 山口二郎

571
三度目の日本
幕末、敗戦、平成を越えて
令和日本はどうあるべきか。多くの著作で予測を的中させた著者の最後の提言
作家・評論家 堺屋太一

541
日本の崩壊
日本政治史と古代ローマ史の泰斗が、この国の未来について語り尽くす
東京大学名誉教授 御厨 貴
東京大学名誉教授 本村凌二

609
日本は戦争に連れてゆかれる
狂人日記2020
2024年に世界恐慌、2030年に第三次世界大戦が私たちを襲う！
評論家 副島隆彦

637
異形の政権
菅義偉の正体
菅政権とは何だったのか——。メディアが報じなかった実像に迫る！
作家・元外務省主任分析官 佐藤 優
山口二郎